JN290376

叢書 歴史学への招待

「ブラジルの発見」とその時代

大航海時代・ポルトガルの野望の行方

浜岡 究

現代書館

「ブラジルの発見」とその時代＊目次

ポルトガルとアソーレス諸島、そしてブラジル

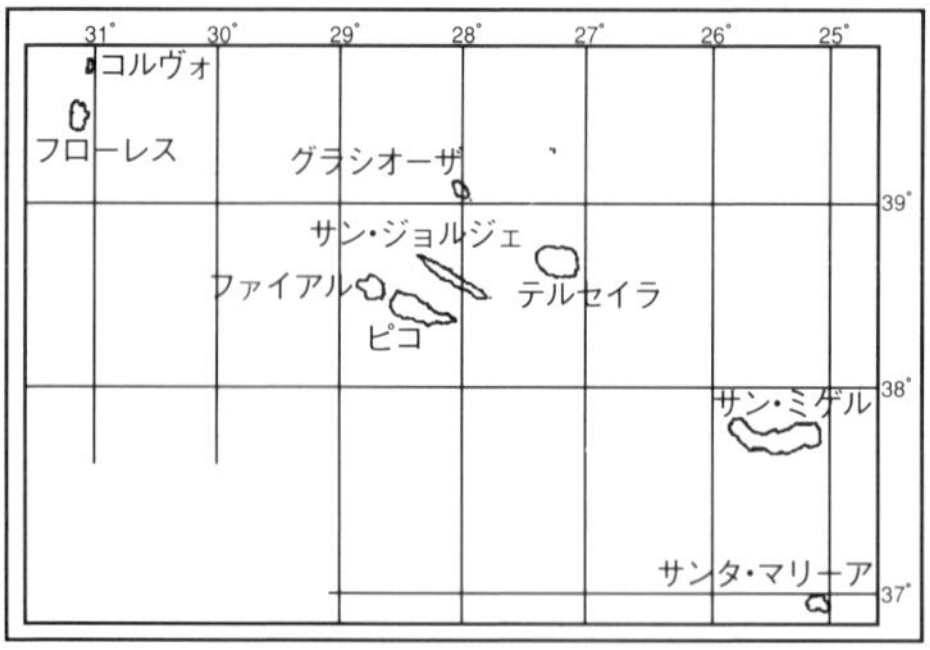

アソーレス諸島

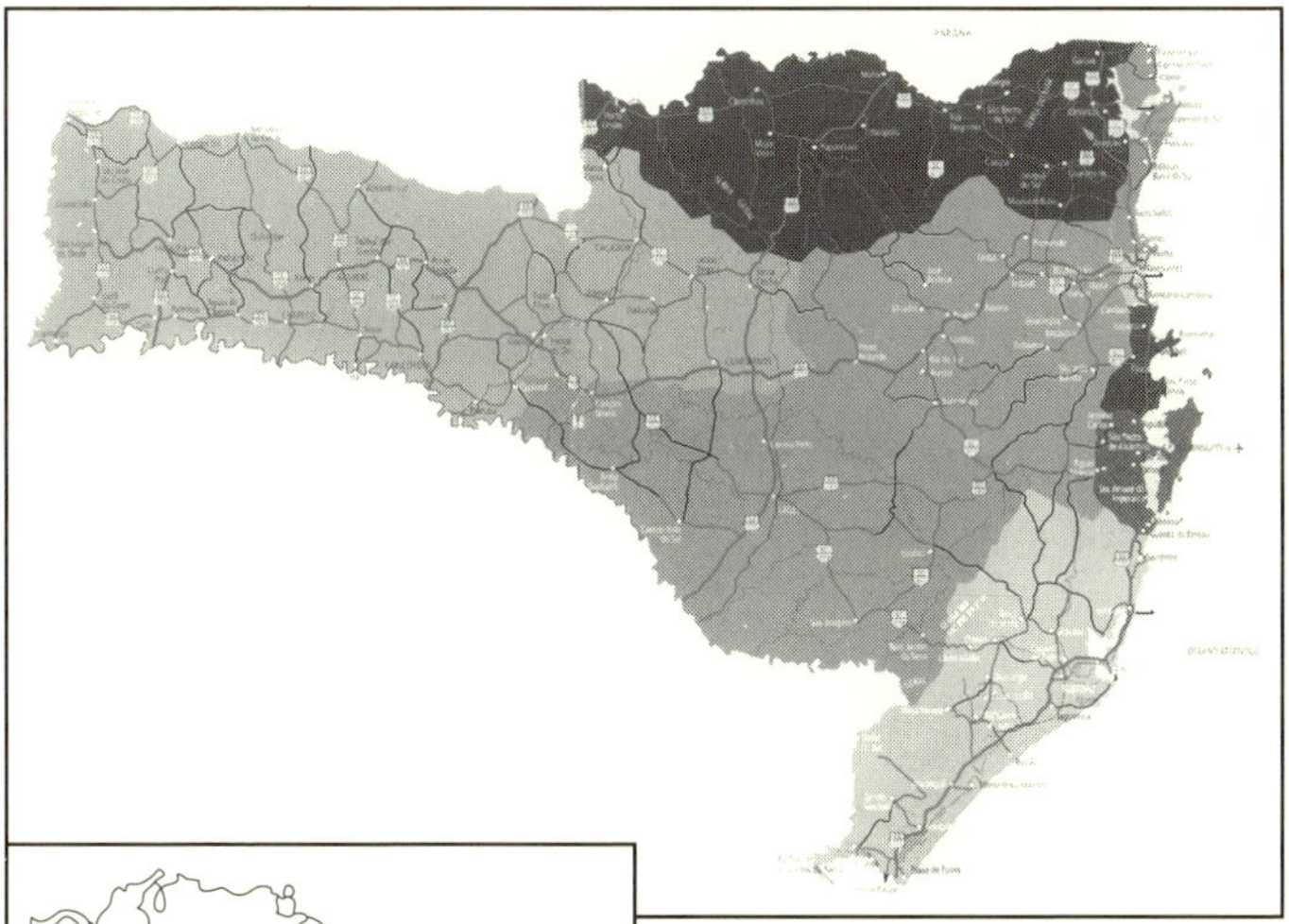

サンタ・カタリーナ州

ブラジル（図中、黒で示した州 SC がサンタ・カタリーナ州）

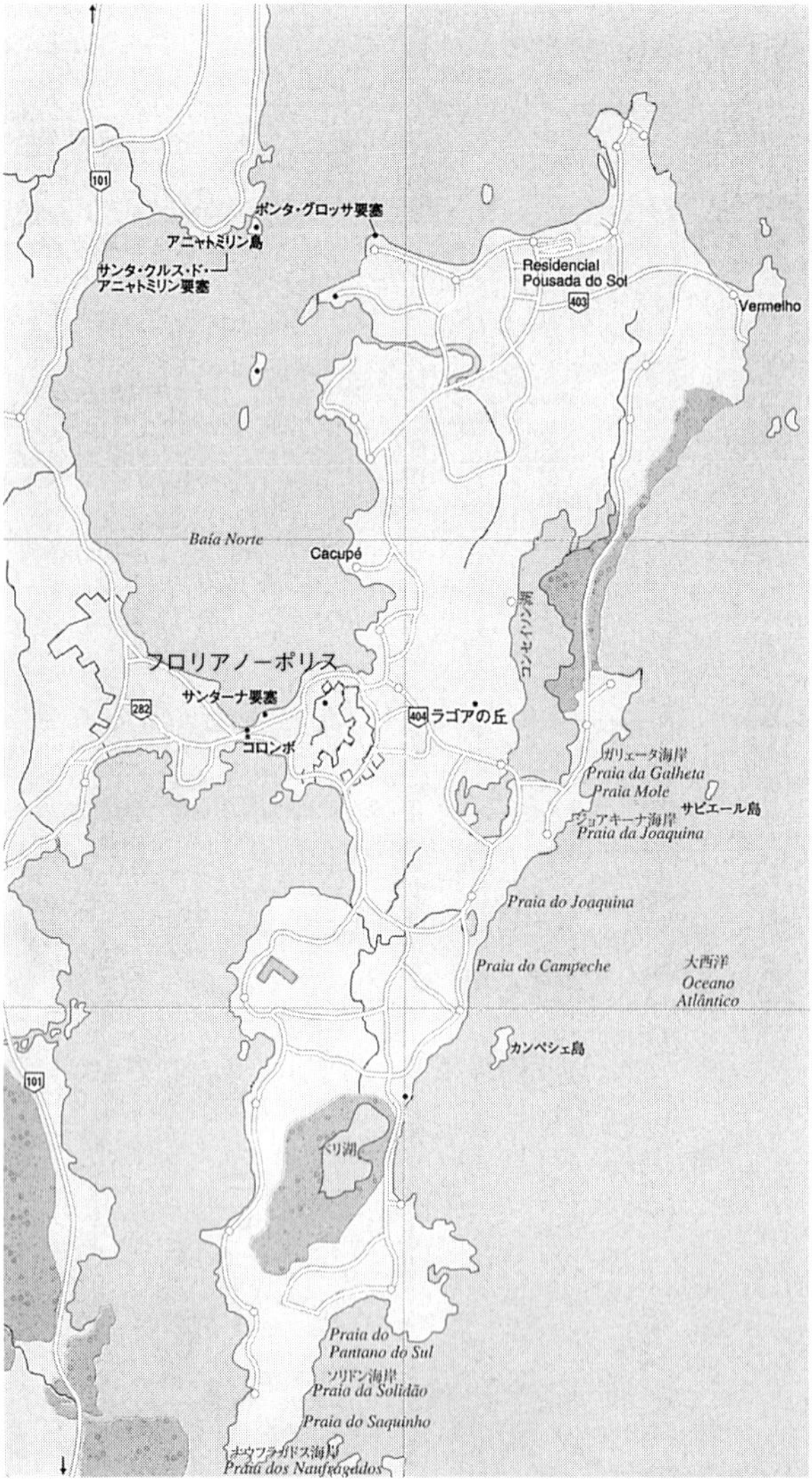
101
ポンタ・グロッサ要塞
アニャトミリン島
サンタ・クルス・ド・
アニャトミリン要塞
Residencial
Pousada do Sol
403
Vermelho
Baía Norte
Cacupé
コンセイソン湖
フロリアノーポリス
サンターナ要塞
282
404
ラゴアの丘
コロンボ
ガリェータ海岸
Praia da Galheta
Praia Mole
サビエール島
ジョアキーナ海岸
Praia da Joaquina
Praia do Joaquina
Praia do Campeche
大西洋
Oceano
Atlântico
カンペシェ島
101
Praia do
Pantano do Sul
ソリドン海岸
Praia da Solidão
Praia do Saquinho
Praia dos Naufragados

サンタ・カタリーナ島

はじめに

ポルトガルの首都リスボンには夥しい数の史料を保管した海外史文書館がある。一六世紀、一七世紀における日本・ポルトガル交渉史を研究する者にとってはすでに知られた存在であろう。殊に、アジアに進出したカトリック宣教師の報告書などの多くは日本語に訳出され、紹介されている。しかし、その海外史文書館には、現代に生きる私たち日本人に興味を惹起せしめて止まないキリシタンの世紀の宣教師や国王の書簡が保管されているだけではない。

筆者は一九九一年春から一九九五年夏までリスボンに滞在し、その間、ポルトガルの歴史と文学、そして大西洋のアソーレス諸島の文学について研究した。一八世紀中頃、アソーレス諸島は食糧危機の状態にあり、ポルトガル王室はブラジルにおけるスペインとの国境線争いの状態にあったので、アソーレス諸島の人びとをブラジルのサンタ・カタリーナ島に移住させたのだった。その移住に関する外交文書が海外史文書館やブラジルの公文書館にも存在するのだ。

当時の文書の長々しい手書きの文書は解読するには非常な困難をともなった。一部はコピーをしたが、いざ帰国するに及び、船便にて貴重なアソーレス文学の書籍と共に日本に送付したところ、梱包はしっかりしたものの、箱底の紙は破れ落ち、日本に到着したときには箱の中にコピーは存在しなかったという無念さを味わわなければならなかった。

幸いにもサンタ・カタリーナ大学の歴史学者フェルナンド・ワルテール・ピアッツァ博士、マデイラ島大西洋歴史研究センター長アルベルト・ヴィエイラ博士を通じて、失われた各種史料を入手することができたので、再び一八世紀半ばの信じられないブラジル植民史についての一断面を大いなる情熱と興味をもって研究することができた。

文学を研究しても、最後には歴史研究に行きつき、筆者のアソーレス文学から派生した学問的興味は、一八世紀半ばに起こったアソーレスにおける生活困難が主な理由のブラジルへの大脱出であった。その大脱出をリスボンの王室は、本書で見ていくようにさまざまな思惑から支援をした。この研究に関して、世界に散在するアソーレス人社会の協力や貴重な教示を得たことは、筆者が一五年前からリスボンやサン・ミゲル島などのアソーレス人社会に溶け込み親交を深めて、リスボン大学、アソーレス大学、ブラウン大学、リオ・グランデ・ド・スル・カトリック教皇大学、サンタ・カタリーナ大学などと連絡を保ってきたことよりも、島国共通のテーマを取り扱ったアソーレス文学の研究者仲間でもあることをつうじて、ある種の親近感が生じたことによると思っている。

本書では一八世紀のアソーレス人の悲運の歴史とポルトガル王室の思惑を浮き彫りにして、ブラジル南部の植民と発展について論考するものである。

第一部では、当時のポルトガル王国の機密文書に属する外交文書を中心にブラジル南部へ向けたアソーレス人の移住について経緯と問題点を考察した。第一部執筆に際してフェルナンド・ワルテール・ピアッツァ博士には多くの学恩がある。

第二部では、第一部を前提にしてサンタ・カタリーナ島とその州の通史を鳥瞰して、現在までの入植者たちの苦難の歴史と人びとの願望を見出した。第二部執筆に際してシルヴィオ・コエーリョ・サントス教授には多くの示唆を得た。

第三部では、現在のサンタ・カタリーナ州の存在意義と発展の軌跡を通じて、その将来性を捉えようとした。第三部の執筆にはサンタ・カタリーナ歴史地理院の多大の支援を賜った。

一五世紀以降、ヨーロッパに位置するポルトガルの海外発展に伴って人びとが流れるようにヨーロッパ域外に出て行った史実は、王室の権力と考えが絶対的であったことを物語る。このことについては本編にて詳述したいと思う。しかも領土問題が絡む植民において人間というものが人間として扱われるのかどうか、移住といえるのかどうかを再考することには歴史学的にはもちろんのこと、今日の世界を認識するためにも意義があると考える。

最後に筆者のブラジル・ポルトガル研究の主旨と意義を認めていただき、歴史学叢書に収めて刊行していただいた現代書館編集部の吉田秀登氏には並々ならぬ懇切丁寧なご助力とご指導を得た。吉田氏は本を出すという夢をつぶすことはしたくないと申され、この分野の研究をさらに発展させる礎になるようにと刊行してくださった。ここに深く感謝の念を捧げる次第である。

第一部　ブラジル植民史の一断面

序　章

ここでは、ヨーロッパの西端に位置するポルトガルの歴史を簡単に見ていきます。そして、どうしてヨーロッパに大航海時代がおき、「ブラジル発見」に行き着いたのかを考えてみたいと思います。

さらに、植民地についてポルトガルはどのような意識なりイメージをもっていたのかというテーマも考えてみたいと思います。ブラウン大学のネルソン・ヴィエイラ博士はアメリカ生まれで、ブラジルとポルトガルを冷静な視線で一定の距離をおいたところから歴史的に考察しています。この章では、彼の視線に沿って歴史的経過を辿り、筆者の考えを述べ、治める者と治められる者の意識やその変化を考察します。

あくまでも序章ですが、本書を読み進めるうえで、基本的な知識となる部分です。

ポルトガルは一二世紀の建国以来、国境線が大きく変化していない。自然は険しく、北部は山岳地帯、南部は平原とのコントラストをなす。初代国王はアフォンソ・エンリケスである（在一一四三―一一八五）。

一二八八年、ディニス王（在一二七九―一三二五）は、ボローニャ、サラマンカと並ぶヨーロッパ最古の大学のひとつであるコインブラ大学を創設した。その後、王室の継承問題にカスティーリャが干渉し、軍隊を率いてポルトガルに侵入したが（一五八五年八月）、当時の国王ジョアン一世はヌーノ・アルヴァレス・ペレイラ将軍の軍隊とイギリス軍の援助を得て、このアルジュバロッタの戦い（一五八五年）に勝利した。ジョアン一世は、援助をしたイギリスのランカスター家の娘フィリッパと結婚した。

ジョアン一世とフィリッパの三番目の子どもが「航海王子」と呼ばれたエンリッケである。一四一五年、ジョアン一世は北アフリカのセウタを攻撃し、これを獲得した。この領土保有以降、ポルトガルの大航海時代が始まった。海外発展の偉業はジョアン二世、マヌエル一世国王により引き継がれた。

一四九七年七月八日、ヴァスコ・ダ・ガマが率いる艦隊がリスボンのテージョ川から出発した。カボ・ヴェルデ諸島南方から西に向かい、ブラジル近くまで行き、そこからの風を利用して大西洋を喜望峰へ向けて横断するような航路をとった。そのころはブラジルはまだ「発見」されていなかったが、それももはや時間の問題であった。一四九八年五月二〇日、船団はカレクットに投錨した。そこではアラブ人がインド洋での貿易を独占しており、サモリン王国と通商友好を結べなかった。一四九八年八月二九日にポルトガルへ向けて出発したが、約一年の航海の間、船団の一隻を失い、船員の半分は荒波の航海に耐えることができなかった。船団は一四九九年の夏にリスボンのテージョ川に戻り、国王マヌエル一世の大きな歓迎を受けた。

ジョアン三世は一五五七年に世を去り、三歳の孫のセバスティアンが国王となった。当時の経済情勢は悪く、日本にまでも到着して布教をしていたポルトガルの国力はすでに衰退気味であった。そんな状況下にあってもキリスト教布教への彼の情熱は強く、幼少時からの神格的教育により自らがカトリックの武器となり、アフリカにいるイスラム教徒を殲滅しなければならないとして出発したが、一五七八年八月四日、アルカーセル・キビールの戦いで行方不明になった。以後、この国王不在という非常事態を迎え、一六四〇年までスペイン国王がポルトガル国王を兼任した。ポルトガルは独自の王を持たなくなってしまったわけだが、民衆意識がスペインに同化されることはなく、セバスティアン国王が戻ってくれれば、また自分たちの良き祖国ポルトガルが取り戻せる、との国民願望であるセバスティアン信仰が国民の間で起こった。

この困難な時代をのりこえたポルトガルは以降、比較的安定した時代をおくることになる。一八世紀にはブラジルの金の発見で栄えたジョアン五世の治世が注目に値する。豊かさと権力の象徴である修道院をマフラに建設した。また、北部の街ポルトのサン・フランシスコ教会に代表されるように、教会内部は豪勢に金箔が貼られた。また一七五五年にはリスボン大地震があり、ポンバル侯がリスボン再建に尽力した。経済発展が内政を安定させていた時代の象徴的な出来事であろう。

一九世紀になると、ジュノー将軍が率いるナポレオン軍（仏西連合軍）が侵入し（一八〇七年）、以後一八一一年四月に撤退を余儀なくされるまで、三度の侵入があり、国土は荒廃し、前世紀からの経済的繁栄は見られなくなった。一八〇七年にポルトガル王室はブラジルのリオ・デ・ジャネイロに逃れた。ポルトガルは好戦的でなく、あらかじめ計画していたようにリスボンから出航した。一八二一年、王室が本国に帰還。ブラジルが本国であり、ポルトガルが植民地であるかのような繁栄の様相を醸し、独立国家としての要件もそろいつつある中に独立の気運も高まり、一八二二年九月七日、植民地ブラジルは独立した。

フランスの実証主義者オーギュスト・コントと社会主義者プルードンの影響がポルトガル国内で浸透しつつあり、一九〇八年、カルロス一世国王は共和主義者にリスボンで暗殺された。一九一〇年一〇月五日、共和制が施行されると次のポルトガル最後の国王マヌエル二世は、リスボン北部のエリセイラの港からジブラルタルを経てイギリスへ亡命した。

第一次世界大戦に参戦したポルトガルの経済情勢は悪く、大蔵大臣サラザールは国家財政を建てなおした。サラザールは一九三二年に首相になり、一九六八年まで非常に保守的な新国家体制により、国家元首が三権を超越する権限を掌握し、反抗する者を秘密警察が摘発した。

第二次世界大戦には参戦せず、アフリカの植民地政策を強化したが、リスボンの政策に反対するゲリラが蜂起し、アンゴラ、モザンビーク、ギニア・ビサウでの約一四年間に亘る植民地戦争が続いた。一九六八年、植民地を独立させなかったサラザールは倒れ、カエターノに政権を委ねた。一九七四年四月二五日、スピノラ将軍指揮の軍隊が無血クーデターを起こし、アフリカ、インド、ティモールなどの世界に散在した植民地はすべて手放した。大西洋のアソーレス諸島とマデイラ諸島は自治領となっている。ポルトガルは現在北大西洋条約機構、欧州連合の一員である。

このように大西洋に面するという地理的特殊性から歴史的に海外へ目を向けた海洋国家であるということができる。

ポルトガルの大航海時代

現在までのポルトガル史の大まかな流れを確認したところで、話をふたたび大航海時代に戻そう。一二世紀に建国されたポルトガルは、一三世紀になると早くもヨーロッパ北部や地中海地方に自国との商業中心地を形成していたので、そのためには当然のことながらかなり発達した船舶航行の技術があった。海賊に襲われ、商品を奪われたりもしたので、船舶もできる限り武装していた（Luís de Albuquerque. *Introdução à História dos Descobrimentos Portugueses*. Publicações Europa–América, Lisboa, 1989, p13.）。

ポルトガルの大航海時代のはじまりは一四一五年とされている。その理由としてさまざまなことが指摘されている。ヨーロッパ大陸の西端に位置して、大西洋に面した地理的状況にあって蓄積された航海技術と経験を巧みに利用したとか、また小麦や金の必要性などの社会経済的理由、国内の騎士階級をはじめとするさまざまな人びとの勇気、そしてエンリッケ王子の個人的な動機まで挙げられる（José Hermano Saraiva. *História de Portugal*. Publicações Europa–América, Lisboa, 1993, p137–142.）。

海外発展の動機をさらに探すのであれば、遭難した船が遠くまで流され、そして未知の世界の知識を得たあとに何らかの方法で無事に戻ってくるという偉業、地理的探索、軍事的事業、海賊行為、教化的活動、外交活動の結果としての国家干渉などがその理由として挙げられるであろう。

海外発展の地理的空間について、一五世紀は大西洋、一六世紀はインド洋と太平洋を含み、一七世紀、一八世紀はブラジルへ発展し、一九世紀、二〇世紀はアフリカへと活動が広まった。各地に商館を作り、商業と宗教の拡張をしながら、ひとつのスペースから商業的利益を得られなくなると、次のスペースに向かった（José Hermano Saraiva. 前掲書）。

ヨーロッパの西端に位置する小国ポルトガルだけのスペースでは経済的に満たされなかったし、発達した船舶技術と人びとの冒険的精神があらゆる可能性のある海に向かったのだが、現在のポルトガルは欧州連合の中でヨーロッパとしての意識を強く持つようになり、かつてのように外に向かうという精神的傾向を失ってしまった。

そしてもうひとつ忘れてはいけないことは、ポルトガル国王にはローマ教皇から布教保護権を与えられ、ローマ教会内部の人事権が与えられる代わりに新しく発見された土地の布教が委任されていたという点である。大航海時代におけるポルトガルの海外発展は、宗教、貿易、軍事、政治などが密接に絡まった国家事業であった。教化のための宗教と商業が絡み、領土征服欲までも含み、かなり複雑な国家利益が求められていたのだった。

ブラジルの発見

一五〇〇年三月八日、ペドロ・アルヴァレス・カブラルが率いる一二〇〇人の男たちが乗る一三隻からなる艦隊がテージョ川をインド目指して出発した。貿易をする目的であったが必要であれば交戦も準備されていた。ヴァスコ・ダ・ガマと同じ航路を辿ったが同年四月二二日、ブラジルに到着した。

インドとブラジルは大いに方向が違う。なぜ熟練の船乗りがこのような航路を進んだのだろうか。風の影響もあり航路を間違えたか、それとも以前から秘密裏にブラジルの存在は知られていたので、意図的に陸地を探索し、「公式」に発見するために西に進み続けたのか、との論争があるのでここでブラジル発見政策について述べておく。ジョルジェ・コウト教授は、『ブラジルの建設』(Jorge Couto : *A Construção do Brasil*, Edições Cosmos, Lisboa, 1995, p160−p182.)において、すでにブラジル発見の意図性について詳細に言及しておられる。なお、ヴェラ・クルース(Vera Cruz)はポルトガル人が発見された陸地に最初につけた名前であり、その後サンタ・クルース(Santa Cruz)、そしてブラジル(Brasil)となったことを念のために付言しておかなければならない。なお、この部分は筆者が日本ポルトガルブラジル学会年報(二〇〇四年刊)で訳出発表したジョルジェ・コウト教授の論文の訳に付した解説に加筆修正したものである。

一四九九年七月一〇日、ヴァスコ・ダ・ガマの艦隊がリスボンのテージョ川に到着し、インド航路発見を知らせるや、マヌエル国王はカブラルの艦隊を大西洋に出発させた。二日後の七月一二日、マヌエル国王はレオン・カステーラ王国のイサベルとフェルナンドに急いで書簡を差し出し、大きく豊かな街の存在や、東洋の商業網やシナモン、クローヴ、しょうが、ナツメグ、コショウなどの香辛料が運ばれてきたこと、さらには誤報であったがインド人の信仰、儀礼はキリスト教的性格があるという情報などが提供された。つまり、ヴァスコ・ダ・ガマは、ヒンドゥー教はキリスト教の一派であると考えていたのである。マヌエル一世国王は、従兄弟であるハプスブルグのマシミリアーノへ宛てた一四九九年七月二八日付け書簡にて「エチオピア、アラビア、ペルシャとインドの征服者、航海、商業の支配者」の称号を初めて使い、新しい土地の発見の独占的優越性を認識させようとした。一五〇〇年三月九日、リスボンからインドへの第二回目の艦隊が出発した。ナウ船九隻、カラヴェラ船三隻、供給船一隻の計一三隻であった。ヨーロッパから喜望峰へ行くには、ブラジル沖海岸まで貿易風に乗りながら南下して喜望峰へ押し戻す強い西風に乗っていたので、難所であった喜望峰に向かう途中に、バルトロメウ・ディアスらの航海者の経験により、流れている草などから、島もしくは大陸がある兆候がすでに見られていたと考えられる。四月二一日火曜日、書記官ペロ・ヴァス・デ・カミーニャによるとbotelho「ボテーリョ」またrabo－d'asno「ラボ・ダズノ」と船乗りが呼ぶ長い草を多く見つけたのである（Magalhães, Joaquim Romero : *Os Primeiros 14 Documentos Relativos à Armada de Pedro Álvares Cabral*, Comissão Nacional para as Comemorações dos Descobrimentos Portugueses, Instituto dos Arquivos Nacionais/Torre do Tombo, Lisboa, 1999, p96.）。バルトロメウ・ディアス、ヴァスコ・ダ・ガマらを始めとするポルトガル探検航海の経験からこれは大海の真只中にあるものではなく、どこかに陸地があることの兆しとして知られていたので、船は陸地を捜し始めたのである。四月二二日の朝、「ミズナギ鳥（フラブショ）を見つけ、夕刻、一五時から日没頃に陸地を見ました。つまり、最初に高い、丸い山を、そしてその南により低い山脈、よく木が茂った平らな土地を見たのでした。艦長は、高い山にはモンテ・パスコアルと、そして土地にはヴェラ・クルースの陸地と名付けました」（Ibidem.）。海流により流されたとすれば、南緯五度二九分のサン・ロッケ岬と南緯八度二〇分のサン・アゴティーニョ岬の間の随分北部に到着しなければならない（Couto, Jorge : *A Construção do Brasil*, Edições Cosmos, Lisboa, 1995, p171.）。また、バルトロメウ・ディアスの喜望峰迂回時は艦隊に大きな損失があったが、カブラルの艦隊は一二隻になっていたもののすべて順調に同時にブラジル沿岸に到達している（Couto, Jorge : op. ct. p172.）。カミーニャの書簡では、発見という言葉をポルトガル語 Achamento（発見、見つけること）としており、実際にブラジルの陸地発見に関して何らの感動も表現されていない。Achamento は、*acção praticada por quem antes procurou*「以前誰かが探したものに対して行われた行動」とのニュアンスも知覚され、achar, encontrar, buscar, topar, descobrir, descobrimento, descoberta, achamento の中でも、achamento について、significa que se〈encontrou aquilo que se procurava, neste caso o Brasil〉「探されていたそのものに出会った、この場合ブラジルである」という（Couto, Jorge : op. ct. p174.）。すなわちすでにブラジルの存在は知られていたので彼らポルトガル人にとっては、あとは実際に行って「見てみる」だけであったわけである。大陸の「発見」とは単純な早い者勝ちなどではなく、政治的効果が最大限のときを見はからって公表される、権謀術数に満ちた政治行為そのものであった。大航海時代にはそれぞれの王室の思惑から、発見の知らせの事実を遅らせて公表したりしていた。その発見政策にみられるように、地理、外交、経済、技術的な要因から、カブラルの艦隊は、航路から西に外れてみるようにと王室から秘密指令が出ていたのではないかとリスボン大学のジョルジェ・コウト教授は考えるものである（Couto, Jorge : op. ct. p182.）。換言すれば、カブラルは、マヌエル国王から発見政策の指令を受けており、インドへ行く間、大西洋西部と南部を探検するように動いたわけである。コロンブスらが訪れた大陸の南部の延長線にある陸地を発見し、そこで、難所であった喜望峰へ接近する前の支援基地を開拓、設置する目的であったと筆者は結論している。

宗主国ポルトガルと植民地——ブラジルの発見から独立までの国家の思いを探る

一五〇〇年のブラジル発見当初は、ポルトガルはインド地方との交易に躍起になっていたため、ブラジルに大いなる関心をすぐには示さなかった。しかし、一五〇二年以降、海外での布教事業をしながらもマヌエル国王はその発見された土地のブラジルに多くの艦隊を送り、調査させている。一五一八年頃になるとポルトガルが嫌になった人びとの逃げ場所、もしくは流刑地にもなり、すでにある程度は植民地であったということができるという者がいる。スペインとポルトガルが世界を二分割するトルデシーリャス条約に従わない外国人の侵入が相次いだ。ことにフランス人が条約を無視し、ブラジルに進出したので、一五三〇年、国王ジョアン三世がフランスから海岸線を守るために、マルティン・アフォンソ・デ・ソウザを派遣し、同時に四〇〇人が入植した。一五三二年、アマゾン川からサン・ヴィセンテまでの海岸線を一五のカピタニア（領地）に分割し、世襲地として国王の臣下に与えた。この経営方法をカピタニア制と言う。ポルトガル国王はブラジル所有を正当化し、集団入植をすすめた。またこの時期には、イエズス会による先住民教化の布教も始まった。

砂糖商業の発展も見られるようになったが、ポルトガル王室の当時の目的は自国に富をもたらすことだけであった。ポルトガルは植民地支配によってのみ自国の繁栄をみたのである。ポルトガルにとってみれば、植民地は遠くにある自分の畑、工場であり、特にブラジルに関してはブラジルにポルトガル人が存在することによって、ブラジル人の伝統を尊重すると共に新しい社会制度の基盤を整えながら発展させ、経済的利益を向上させる土地と位置づけられていた。

ポルトガルで刑罰を受けて流刑囚としてブラジルに渡った者までもが、大いなる金と名誉に満ちて本国に帰国していたのである。イエズス会による一六世紀後半の教育活動は顕著なものではあるものの、あまりにも経済的利益偏重のポルトガル人たちがブラジルとブラジル人を搾取したことで、ブラジル人の間にポルトガルへの反感、憎悪を生じさせることになったことは、自国利益だけを中心に考え、植民地を保有、維持する宗主国の優越的立場が生じさせた当然の事態であった。

一五七〇年、セバスティアン国王がアフリカで行方不明になり、同時にポルトガルのインドを中心とした東洋における経済的戦略的拠点が衰退気味になる中で、植民地ブラジルの砂糖生産は繁栄を続け、労働力としてアフリカからは多くの奴隷が輸入され、ブラジルには大きなポルトガル国民の期待が寄せられた。

一六世紀にはアンゴラからブラジルへ多くの奴隷が連行され、ブラジルの産業力の強化が図られた。当時のヨーロッパ諸国間の経済競争の現実に直面しながらもブラジルはポルトガルにとって経済発展をめざすうえで、欠かすことのできない重要な構成要因となったのである。ポルトガル人が他民族を「権力」で抑え込むことは当時から徐々に見られ、砂糖生産の利益、ポルトガル人の社会的ステータスの導入と相俟って、ブラジルには典型的ヨーロッパ社会が存在するようになり、言語、宗教、家族の伝統においても、ポルトガル人がブラジルという土地の支配者であるということが定着しつつあった。開発のためにはこの力関係がない限り、ヨーロッパ諸国の植民地というものは存在しなかったと言っても過言でなかろう。

このようにポルトガルが支配権をうち立てたブラジルを、他のヨーロッパ諸国が拱手傍観しているわけがなかった。その生産力に魅力を感じた国々が手を伸ばし始めていた。イギリス、フランス、オランダの侵入の脅威があり、殊にオランダは、一六二四年から一六五四年までペルナンブーコを中心とする北東部において勢力を増し、この動きにポルトガルの反応は鈍かった。一六五三年になってようやくジョアン四世はレシーフェのオランダ残存勢力を放逐するためにポルトガル軍を派遣するに至るのだが、ポルトガル人のその事件に対する関心と対応は、遠くにある広大な土地の危機管理に対してのある種の無関心、冷淡さとスノビズムが漂う王室の雰囲気を感じ取ることができる。

ミナス・ジェライスに金鉱が発見されるや、王室代表を派遣し、法整備も始め、外国人のブラジルへの移民制限も始めた。ポルトガルは植民地からの金やダイヤモンドなどの大いなる富を享受し、予想外にも国庫は潤い、あまりにも絢爛豪華で大きなマフラ修道院を建設したジョアン五世（一七〇六―一七五〇）はヨーロッパで最も金持ちの国王として威厳を保ったが、ブラジルでの重税はブラジル人を激怒させるに至った。

一七五五年のリスボン大地震時、ジョゼー一世国王の治世に首相を務めたポンバル公爵もその重税政策を続けたのだが、その国内改革と震災後の復興に関してもやはり、ブラジルからの利益がなくては実現できなかったものであった。イエズス会を追放したポンバル公爵は中央集権に努力し、王室の権威回復に努めながらブラジルは植民地であり、ポルトガルは宗主国であるとの認識を強めようともした。

しかしながらブラジルはアフリカ、アジアとの貿易地として本国のポルトガル自身よりもかなり繁栄していたとされる。植民地ブラジルはすでに宗主国ポルトガルを経済的にはるかに凌駕しており、この状態が後のブラジル独立への動きを促す一因となったのである。

＊

このような、度重なるブラジル人へのポルトガルからの圧力は、ポルトガルからの分離主義思想を高揚させ、ブラジル人の犠牲、搾取があってこそリスボン王室の繁栄があるのだとの思潮が一般的になり始めた。「人間性の回復には独立しかない」とネルソン・ヴィエイラ博士は言う（Vieira, Nelson H : *Brasil e Portugal*. ICALP, Lisboa. 1991. p37. 本稿はネルソン・ヴィエイラ博士の著書に多くの示唆を得た）。

ブラジルには「ガゼッタ・ド・リオ・デ・ジャネイロ」紙 *Gazeta do Rio de Janeiro* が王室の新聞として刊行されていたが、イポリト・ダ・コスタ（一七七四―一八二三）（Hower, Alfred : *Hipólito da Costa and Luso Brazilian Journalism in Exile: London, 1808–1822*, Harvard University, 1954. 参照）は、一八〇八年から一八二二年にかけてロンドンにて「コレイオ・ブラジリエンセ」紙 *O Correio Braziliense*（以下CBと略す）を刊行した。ロンドンで刊行することにより、ポルトガルの検閲を受けず、ジョアン六世の王室の体質とそのイデオロギー批判を展開し、自由主義を広めようとした。その意図はブラジル分離を促進し革命を起こすことではなく、ポルトガル王室を批判することであった。また、ブラジルにイギリス議会制モデルなどの新規政治思想を導入することにもなった。この新聞とイポリト・ダ・コスタの生きた時代はブラジル史を考察するうえで重要であり、さらなる学問的なアプローチに値しよう。

＊

イポリト・ダ・コスタは、一七四四年八月一三日にウルグアイ近くのブラジルの地で生まれた。ポルトガルのコインブラ大学で学び、一七九二年に哲学士、一七九八年に法学士の学位を受ける。その後、植物栽培を基本とする農業を学ぶためにアメリカ合衆国に赴く。二年間アメリカで生活し、一八〇〇年一〇月頃にリスボンに戻るや、翌年一八〇一年には王室印刷局に勤め、王室の出版物の選定、翻訳、校正などを担当し始める。取り上げた話題は主に植物、医学、イギリス銀行のことなどであった。この頃、ポルトガルのフリーメーソンの活動をし始め、当時の警視総監ピナ・マニケが指揮するポルトガル警察に目を付けられる。当時、フリーメーソンは非合法組織で、治安上、取り締まりの対象となっていたのである。一八〇一年、ロンドン、パリなどを旅し、王室図書館や王室印刷局などの蔵書を購入するが、ロンドンのフリーメーソンとの接触が疑われた。一八〇二年七月、リスボンに到着して三、四日後、ポルトガル警察が彼の自宅に訪れ、イポリト・ダ・コスタは逮捕された。この経験から彼はポルトガル警察、異端審問所、絶対主義システムに対してロンドン発のCB紙にて非難を繰り返すことになる。王室から新聞発行許可が出たと申し立てたが、逮捕容疑はパスポートなしでイギリスに渡航したことであった。またイポリトがフリーメーソンであることが理由で、警察は関連書類に大きな関心を抱いた。法律は五日間の勾留しか許可しないにもかかわらず、リスボンのリモエイロ拘置所では、六カ月も勾留された。イポリトにとっては法律無視の専制的システムが徹底的に非難されなければならなかった。イポリトは逃走を決意し、鉄格子の中で、食器類を鍵に作り変えて扉を開けて逃げた。また、胃が痛いので、看守にお湯を頼んだところ、看守は鍵を開けたままお湯をとりに行ったのでその隙にロシオ広場まで逃げた、という説もある。いずれにしてもリスボンを転々と逃げ隠れし、アレンテージョからスペインへ入り、ジブラルタルからイギリスへ逃亡したのは、一八〇五年の暮れのことであった。一八一〇年初頭にはイギリスに帰化したことで身辺は比較的安全となった。

ＣＢは、一八〇八年六月から一八二二年一二月にかけて、一四年八カ月に亘り発刊され、トータルで一七五号もの膨大なもので、それぞれ約七〇から一七五ページのものである。ＣＢは、リオ、バイーア、ペルナンブーコ、リスボン、ポルト、マデイラで読まれ、政府への不満、記事内容への賛同や反対の見解など、読者からの手紙が寄せられ、自由主義の機関紙であったと言える。イポリトはポルトガル政府を攻撃したため、革命家、共和主義者と呼ばれた。しかしながらイポリトは革命家ではなくして改革者であり、さらに共和主義者でなく立憲君主主義者であった。イギリスを政府のモデルとして主張して止まないイポリトは、ＣＢ紙上にて教育者としての役割も果たした。イギリス議会には、野党が存在することをポルトガルとブラジルで知らしめたのである。換言すれば、政府を批評することは悪いことでも、危険でも、不寛容なことでもなくして、国家にとっては非常に有益であるということである。ポルトガルではこれらの野党が存在すれば、反逆者とされるだろうが、ふたつの対抗する党によって開かれた意見の戦いがあることになり、自由主義への道を促しているのである。さらに腐敗を除きながら自由への道として議会を解散し、選挙の実施を示している。異端審問所を非難し、警察システムについてイギリス警察は市民の権利を守るが、ポルトガル警察は家の中のことまで知りたがっているとまで非難している。批評すること、個人の考えを述べることによって個人の安全は保護されるというイギリスとの比較考察を通じながら、ＣＢは人びとのために機能しながら存在する賢明な政府があるユートピアを専制主義のポルトガルに知らせる非常に重要な役割を担っていたという点で評価されなければならない。ポルトガルはイギリスからの刊行物によって自由主義思想が広まりつつある時代状況にあったことは確かである。そして、その自由主義思想を採用するために人びとが蜂起するかどうかについては、CBの読者にかかっていた。

リオに移った王室を再びリスボンに帰そうとするポルトガルの摂政の動きを知るや、イポリトはそれに抗した。首都と王室がヨーロッパの外国勢力から遠い地点にあるので、自らのポルトガルの意思を表出することができる。しかし、王室がヨーロッパに帰還すると、強大な他の隣国の干渉を受けやすくなり、自らの意思はなくなるとして反対表明をしたのである。CBはブラジルとポルトガルの自由化を叫んでいた。CBにて指摘した改善点は列挙すれば以下のとおりである。アフリカの奴隷貿易を中止し、奴隷制の廃止。先住者の教化。ヨーロッパからの移民を積極的に受け入れながら人口増加を図る。大学などの教育機関を設立し、文字の読めない人びとをなくするように努力し、教育レベルを上げる。出版、宗教の自由の確立。司法行政の改革。国民に選挙権を与える。ブラジル人を省庁に入れる。専制的な植民地主義、分割統治の廃止。省庁の責任の自覚とオープンな政府をつくる。内陸部に新首都を作り、道路、橋、河川交通を発達させ、内陸部を発展させる。政府専売を止め、自由貿易を促進し、農産業を発展させることだった。ブラジルには、ポルトガルと同じシステムは必要なく、ドン・ジョアンのしたことはポルトガルにすでに存在していた同じシステムをブラジルに移しただけであったので、イポリトが訴えたものはもうひとつのポルトガルではなく、新しいブラジルの発展にあった。ポルトガルとブラジルの交流と相互発展は両者にとって有益であると考えたのである。ブラジルを支配した大臣はすべてヨーロッパ人であり、すべてポルトガルの家系であったので、ポルトガルへの愛着心から、何事についてもポルトガルに傾くのであった。ブラジルにはブラジルという土地に合った方向性がとられるべきであり、ヨーロッパのものの考え方では進歩しないのでないか。アメリカの関心事はヨーロッパと相違するのでアメリカは独立した。しかしブラジルにはブラジルに適した治め方があるはずであると主張する。

出版と表現の自由の保証されたひとつの国家の刊行物は、その自由の存在しない他の国家に大いなる影響を与える。ロンドンで刊行された自由を求めるCBを中心とする刊行物はモラルの刷新を求め続けたものであると考える。ブラジル独立の年にCB刊行を止めたイポリトは、刊行目的は、新思潮を導入することであったとしている。一八一四年一一月号には以下のようにある。

(...) escrevendo sobre os erros dos que governam ; e escrevendo com toda a liberdade as suas ideas sobre um tractado Portuguez, na língua materna, e criticando os do Governo de maneira que não achamos exemplo nas obras Portuguesas (...)（統治する側の誤りについて書くこと。ポルトガル政府のありかたが良い例ではないという確信の下に批判すること）。イポリト自身が紙面で言う刊行目的は既述のようである。しかしながらポルトガルでの絶対主義政権下での自らの不当な勾留経験から、イポリトは自由独立を目指して、自由の国からCBを世界に刊行しながら、独立宣言が行なわれるようになる環境創りに対して、大いなる情熱と知性をもって一四年八カ月に亘り貢献した歴史的意義はあまりにも大きいと考えるべきであろう。

このように、遠く離れたロンドンから、ポルトガルを批評したことに対して、買い占めによりCB紙が広まらないようにする動きもあった中、ロンドンにて、Investigador Portuguez em Inglaterra

「イギリスのポルトガル研究者」（一八一一—一八一九）、Campeão Portuguez「ポルトガル人擁護者」（一八一九—一八二二）、O Portuguez「ポルトガル人」（一八一四—一八二二）が刊行された。Investigador Portuguez em Inglaterra は、CB刊行四年目に世に現れ、一八一九年二月まで七年八カ月に亘り発刊され続けた。在英ポルトガル大使に支持され、リオ・デ・ジャネイロの政府に資金援助されていたことに鑑み、全体的にブラジルよりもポルトガルに傾注していたと判断せざるを得ない。また、イポリトのCBとは相反して異端審問所や警察システムを批評するものではなかった。創刊者はベルナルド・ジョゼー・デ・アブランテス・イ・カストロであり、一八〇〇年にフリーメーソンとなりリスボンを追放されたジョゼー・リベラト・フレイレ・デ・カルヴァーリョが後継した。しかし、ロンドンにてポルトガル政府関係者から検閲を要求されたことに及び、第二の王室新聞ガゼッタ・デ・リズボア紙になってしまうことを拒みながら一八一八年一二月に刊行責任者の席を辞し、Investigador Portuguez em Inglaterra は一八一九年二月に世から姿を消すことになった。ポルトガルはCBを世論の中で敗北へと追いやるためにInvestigador Portuguez em Inglaterra 刊行を支持したもので、検閲を拒否しながら去った刊行者は、新たにCampeão Portuguez（一八一九—一八二二）を刊行するに至り、その刊行目的と思潮を保つことができた。O Portuguez（一八一四—一八二二）は、ジョアン・ベルナルド・ダ・ロッシャ・ロウレイロが創刊した。ポルトガルは建国以来何も変わっていない。インドへ海路で到達したヴァスコ・ダ・ガマやインド総督アルブケルケなどの英雄を擁する国家であるが、変わったのは大航海時代以降の政府であるとして、痛烈にポルトガルの支配層を批判した。

ロンドンではブラジルの独立前に多種多様な出版物を通じてブラジルとポルトガルについての懸念が表出されていた状況にあって、イポリト・ダ・コスタのCBを中心にブラジル人の願望が形成されつつあった。人は遠く離れていても「心の繋がり」があり、そして自由を求めながら生き残ろうとする。ブラジル独立前の約一四年間に亘りイポリト・ダ・コスタはCBを刊行し続け、人びとの願望をさらに強く結束、表明させることを成し得た歴史上の人物であると言うことができる。

＊

さらにブラジルの分離・独立に拍車をかけたのが、リスボン王室のリオ・デ・ジャネイロ移転であろう。一八〇八年、フランス皇帝ナポレオンは大陸封鎖令を発したが、その機をさらに政治的に利用しようともくろんだフランスはスペインの宰相ゴドイと共謀しポルトガル分割計画を目的に軍隊を侵入させた。それを受けてポルトガル王室がリスボンからリオ・デ・ジャネイロに逃れて来た。リスボンでは、侵入はあっても敵対行為はしないのではないかという楽観的憶測も流れていたので、ナポレオン軍はポルトガルの抵抗を受けることなく侵入してきた。人びとは、突然の外国軍の存在を知りつつも、切迫した敵とみなさなかった。一一月二四日、ナポレオン軍前衛がまだ国境をこえたあたりのアブランテスに駐留中、リスボン王室に知らせが届き、アジュダ宮殿で国家会議を召集し、イギリス軍の支援により王室をブラジルに移転するという計画を実行することが決定された。ポルトガルはフランスと開戦することを望まず、出発前には、いわゆる融和・中立政策を国内に呼びかけていた。すでに用意してあった一五隻の軍艦に乗り込み、その他貴族なども自発的に二〇隻の商船でブラジルに渡航した。大脱出はさらに続き、約二〇〇〇人がイギリスの港に逃亡し、そこからブラジルを目指した（Saraiva, José Hermano : *História de Portugal*, Publicações Europa América, Lisboa, 1993, p303－305.）。

この逃亡の出来事は、ブラジルをしてポルトガル王国の首府とし、君主とその随員が存在するに至ったのである。王室は万一の場合、ブラジルをポルトガルの本国にするようになるかもしれないとの考慮からそれまでの植民地的拘束を解き、独立国として発展できるような措置をとったのだった（Ibidem.）。故に、当然のことながら、ブラジル人の間ではリスボンへの政治的配慮を見出すことはなくなり、王室の移転に伴いリオ・デ・ジャネイロに国際商業港や、学校、劇場、図書館などが建設されるに及び、ブラジル国家発展の期待は増大するばかりであった。即ち、ブラジル人は、国際的レベルにおいて自らの重要な任務を帯びるようになったのである。ブラジル人の土地の中で、ブラジル人は自己を愛し、自己に対するイメージを抱き始めることができる環境が形成されたのである。換言すれば、国際的環境の変化の中にあって、ポルトガル王室の逃亡とが相俟って、無意識のうちにブラジル人の自立、独立への国民願望が実現されつつあったのである。

ナポレオン失脚に伴い、フランスの軍隊がポルトガルから去ったあとも、国王のリスボンへの帰還は容易ではなく、すぐさまブラジルを発つことはできなかった。ブラジルに王室が長期に亘り存在することにより、ブラジルを植民地と考えているポルトガル国内では大きな不満が噴出したが、王室は反君主制運動が激しくなりつつあるリスボンへは帰りたくなくなっていた。国王不在のあいだに、リスボンでは共和主義者らが台頭の兆しを見せ始めていたのだった。

ブラジルは、ポルトガル王国の重要な一部を成すという建前があったので、当然、議員も選出されていたのだが、ブラジル人議員がリスボンの立憲議会に到着するや、ポルトガル人議員によって嘲笑され、取り扱いも悪かった（Vieira, Nelson H：op. ct. p42-43.）。一八二〇年、リスボン政府は国王帰国を決定し、リスボン側に有利な議席構成の身分制議会（コルテス）において、ブラジルの再植民地強化をもくろみ、リスボンの集権化、ジョアン六世と息子のペドロの帰国を求めた。このような環境の中にあって、国王ジョアン六世は息子のドン・ペドロをブラジルの摂政として残して一八二一年四月二六日、リスボンへ帰還することになった。ブラジル人とポルトガル人の間での増加する大きな「相違」を前にして、国王ジョアン六世はブラジルを去る前に、驚くべきことに国王自ら息子の摂政皇太子ペドロに対してブラジル独立運動を指揮するように激励していたのである。ブラジルの損失はポルトガルにとって大きな打撃であるが、宗主国ポルトガルは植民地ブラジルを「植民地の奴隷servo colonial」として取り扱ったのだった（Vieira, Nelson H：op. ct. p43.）。したがって、人間らしく解放されるには、独立しかなかったのだ。

一八二二年一月にはブラジル全土の独立の機運が認められたが、独立宣言は同年九月七日のことであった。同年一〇月には、リスボンのブラジル選出議員は、独立の成否に関係なく、リスボンを去ることを決意していた。ブラジル選出議員を冷遇するリスボンに彼らはもはや滞在意義を認めていなかったのだ。実際にブラジルへ向かってリスボンを去ることに対してもポルトガル人らは無関心、冷淡さを押し通したのである（Vieira, Nelson H：op. ct. p43-44.）。ブラジルの独立はもはや避けられなかったことであり、遠く離れた小国のポルトガル人には国内問題を取り扱うだけで限界であり、もはや海外領の問題に対処できる余力はなかったとネルソン・ヴィエイラは主張する（Vieira, Nelson H：op. ct. p44.）。

ポルトガルは、一四一五年のセウタ攻撃以来、インドにおいて大いなる繁栄を築き上げながらも、インドが低迷するや、ブラジルの繁栄を捜し求めた。しかしブラジルに独立機運が高揚するや、ブラジルを見放し、その後アフリカを搾取した。しかし、アフリカにおいても民族解放戦線の抵抗に遭い、植民地を放り出したのである。植民地運営に対するポルトガルのこの姿勢は二〇世紀まで続いた。その後のアフリカの旧植民地の政情不安が続いていることを見ると、この問題は二一世紀にまで持ちこされてしまったと言うべきであろう。

＊

植民地ブラジルのリオ・デ・ジャネイロに王室が存在し、王室不在の間に反君主運動が盛り上がるなど、ポルトガルとブラジルのイメージを正確に述べるには、かなり複雑な歴史経過があるので、ブラジル発見から独立に至るまでの主要事項をネルソン・ヴィエイラの意見を参考に鳥瞰してきた。ひとつ筆者が同感するのは、植民地経営は治める者の絶対的権力と優位性の意識が存在しなければならないし、植民地で搾取され続ける人間が人間らしく生きるには独立しかない、ということである。このポルトガルのアフリカの植民地の独立を最後まで認めなかったサラザール政権（一九三二―一九六八）に対して、アフリカの人びとは敵となり、憎しみをもって最終的に武力で蜂起し、一四年間に亘る植民地戦争が続いてしまった史実がある。武器の供給からアメリカとソ連との代理戦争とまで言われた。それに言及し続ければ本書の主旨を逸脱するので深くは立ち入らないが、植民地には抑圧する者とされる者が存在し、抑圧され続けると爆発するということは、本章において明確にできたのではないかと思う。但し、ここではポルトガルと海外の植民地に関してのことであり、たとえばフランスやイギリスとその植民地についてまでも普遍的に包含するものではないことをあらためてお断りしておく。

第一章　大西洋に浮かぶアソーレス諸島

この章では、大西洋に位置するアソーレス諸島について考察してみます。いつ発見されて、どのような人びとが住んでいるのか、その地図上ではミクロ世界とも思われるアソーレスの人びと、生活と運命について解明していきます。

筆者はアソーレスに住むポルトガル人のことをアソーレス人と呼びます。それには、açoriano（アソリアーノ）の単なる訳語をあてはめているだけでなく、区別して考えるほどの相違があるからです。

さて、それではその島の人びとにはどのような特殊な歴史があったのでしょうか。彼らをアソーレス人と呼ぶ、その根拠はどこにあるかを発見してみましょう。

ポルトガルが大航海時代に植民をした大西洋のアソーレス諸島は、九つの島からなる。サンタ・マリーア島、サン・ミゲル島、テルセイラ島、グラシオーザ島、サン・ジョルジェ島、ピコ島、ファイアル島、フローレス島、コルヴォ島である。

一四二七年頃にポルトガル人が発見したアソーレス諸島は、無人島であった。ただ豊富な緑があり、トビやハイタカ属のタカの総称であるアソール（açor）と呼ばれる猛禽だけが存在した。アソールの複数形がアソーレス（açores）であり、それが無人島の名前になったと言われている。正式には定冠詞Osを付けて大文字でOs Açores（オス・アソーレス）とポルトガル語では言う。ポルトガル本国の各地から自発的に移住する者や流刑にあった者がアソーレスの土地を支配したり、またはその者たちがアソーレスの最初の大土地所有領主のために働くことになった。ポルトガル本国からの初期の移住現象が起こったとき、サンタ・マリア島とサン・ミゲル島には、リスボン近郊、南部のアルガルヴェ、アレンテージョ地方の人びとが移住した。ポルトガル北部の人びとはテルセイラ島とグラシオーザ島に移住し、ファイアル島にはフランドル地方（現フランス、ベルギー、オランダ）の人びとが移住した。サン・ジョルジェ島には他の島々からの冒険心に富む人びとやフランドル地方からの流刑者が移り住んだ。残る島々は、すでに人びとが住んだ島々からの移住を受け入れることになった。ファイアル島は湿度が最も低く、テルセイラ島は湿度が最も高いなど、島ごとによって居住環境が異なるため気候が与える人びとの心理、身体への影響が認められた。また移住した人びとの出身地も受け入れた島々によって違うので、島によって気質も違っていることが認められている。

自らの生涯をアソーレスの気候研究に捧げた科学者ジョゼー・アゴスティーニョ（José Agostinho）の代表的論文『アソーレス人の社会歴史的要因』（*Dominantes Histórico-Sociais do Povo Açoriano*, 1963.）には、五月の終わりから夏にかけて、また九月から一〇月のはじめにかけて続く暑い日々は、人びとを無気力にしてしまい、体はだるく、仕事は疲れ気味で、精神までも害してしまう、という指摘がある。ジョゼー・アゴスティーニョはこの暑さをトルポール・アソリアーノ（アソーレスの麻痺状態）とまで呼んだ。アソーレス人が気候の違うアメリカやヨーロッパに行くとこの麻痺状態は消失するという。湿度はサン・ミゲル、ピコ、ファイアル島が低く、テルセイラ、サン・ジョルジェ島で高い。

アソーレス人とアソーレスを詳細に考察してポルトガル本国との相違を明らかにした論著には二〇世紀のアソーレス人ヴィトリーノ・ネメジオ『アソーレス人とアソーレス』（Vitorino Nemésio, *O Açoriano e Os Açores*, 1929）、ルイス・リベイロ『アソリアニダーデの補足的研究』（Luís Ribeiro, *Subsídio para um ensaio sobre a Açorianidade*, 1964.）や、はじめてアソーレスを訪れたときの大自然の醸し出す光景に驚きを表したポルトガル本国人のラウル・ブランダンの旅行記『知られざる島々』（Raul Brandão, *As Ilhas Desconhecidas*, 1926.）、イギリスのジョゼフ・アンド・ヘンリー・ブラーの『アソーレス旅行記』（Joseph and Henry Bullar, *A Winter in the Azorez ; a Summer at the Bath of Furnas*, 1841.）、一九世紀のアルーダ・フルタード『アソーレス人の人類学的研究のために—サン・ミゲル島人の考察』（Arruda Furtado, *Materiaes para o Estudo Anthropológico dos Povos Açorianos. Observações sobre o Povo Micaelense*, 1884.）などがある。

ヴィトリーノ・ネメジオはアソーレス人の性格を三つに分類する。サン・ミゲル島の人ミカエレンセ、テルセイラ島の人テルセイレンセ、ピコ島の人ピカロットである。テルセイレンセ民俗学者ルイス・リベイロの言によれば、ミカエレンセはアソーレスで最も良く働き、ポルトガル本国人とは大いなる相違を呈する。

ヴィトリーノ・ネメジオによるとミカエレンセは働き者で、丈夫な体をしており、サンタ・マリア島の人びとマリエンセは陽気であり、ピカロットは真面目、厳格で、体力がある。テルセイラ島は一六世紀にスペイン人が占有していたこともあり、スペイン人の騎士道精神が残っており、テルセイレンセが行う闘牛はブラジルのサンタ・カタリーナ島にまで伝わり、そこでは過激であるがゆえに法律で禁止されるに至った。

アルーダ・フルタードは自らがサン・ミゲル島出身であるので、そのミカエレンセに関する考察は鋭い。ミカエレンセは頑丈なので、ゆっくりしているが持続的に仕事をする。農作物の世話や収穫においては非常に活発である。その仕事に対する前向きの姿勢は、仕事に没頭するというよりも、仕事にとらわれているようである。火山の島の独特の土も独自の方法で農業に適するように変えていった。このような勤勉さをもつ一方で、仕草が荒っぽく、粗暴でもある。サン・ミゲル島の大工はどのような家具をもつくることができる。花壇をつくることを好み、植物の放つ強い芳香の中での生活と仕事を望む。さらに女性についての考察がある。結婚している女性は活発で、仕事熱心である。衣服は清潔に洗われており、香水を使用している。家の床は常に掃除されている。女性らは男性よりもさらに努めてよく働く。

ブラーの日記にもミカエレンセに関する考察がある。気質も親切で、陽気で話しやすいが、感情の起伏がある。ポルトガル本国から遠いためか、自分の生まれた島に対する愛着心が強い。産業はないが、低賃金で懸命に働く。仕事のないときは家の外に出て太陽の下にいる。いいボートを製作し、ボートを直す技術もあるよき漁師である。

「アソーレス人は総じて無味乾燥的性格を有しており、何百年にもわたる種々の統治システムの下での全体的フラストレーションと連続的幻滅によって、政府、政治機構が問題を解決するという信用を失ってしまった。アソーレス人は他人を信用せず、自分自身を信用するしかなくなったのである。歴史上、移住がすべてを向上させる唯一の手段と考えられてきたが、アソーレス諸島の中の疎遠、もしくは外国化現象を最強化することになった。だがアソーレス人には、これは厳しい選択であり、実行できる唯一の選択として大いなる迅速さをもって逃走したのである」（Onésimo Teotónio Almeida. *A Profile of the Azorean*. p.145.）とブラウン大学のオネジモ博士は言う。アソーレス人はポルトガル人とは相違することは一九世紀の人類学者アルーダ・フルタードの論文からすでに表明されて蓄積されているので、「アソーレス人」と呼んでも違和感はないはずである。

*

一五世紀にポルトガルが発見し、植民したアソーレスは以下数世紀にわたりポルトガルのいわば穀物倉庫であった。主要な産出物は小麦であった。テルセイラ島のアングラ・ド・エロイズモ市、ファイアル島のオルタ市、サン・ミゲル島のポンタ・デルガーダ市は大西洋横断航路の非常に重要な商業港として成長していった。これらの港からは小麦の他にワイン、水、肉、生きた牡羊、オリーブ油、ヴィネガー、ソラマメ、玉ねぎ、ニンニク、カボチャ、釘、鉄板、大砲の弾、牡羊の革、砲兵などの軍人が外に出て行った。そして、ヨーロッパ、インド、中国、ブラジルを始めとして世界の他の地点からのさまざまな産物がもたらされており、その賑わいは大きなものだった。

このようにアソーレスの島々は単なる僻地ではなく、それなりの賑わいを見せる商業地でもあった。

ただし、この島々がヨーロッパ大陸から離れ大西洋に位置しているという周辺性を見逃すことも妥当ではない。スピードは遅く、壊れ易い船舶交通しかなかった時代には島々での疎遠は絶大なものであった。その島と島の遠さゆえに、それぞれの島の中の地方権力と呼ばれるものは強大化していき、世襲領主は島の絶対支配者となり、その権力は未開墾地の分割、贈与に干渉し、私利私欲を露にして自分のものにしていたと言って過言ではない。その結果、ほとんどの家族は土地を少ししか所有できない一方、少数の者たちだけが大土地所有者となった。このようにほとんどすべての島民の夢は、わずかでも自分の土地を所有し、自分の家を持ち、小麦を売って収入を得ることであった。貴族でない一般の男たちで、他人の土地で働くような農業従事者でもなく、軍隊にも入らない者は、それぞれの生きる方法を模索しなければならなかった。手工業において労働者を雇うというシステムも存在せず、農業以外を目指す者は島を出るしかなかった。

島を去るということについてさらに言及すれば、一八世紀のアソーレスでは島であるが故にどうしても農地不足となり、人口増加のうえに食糧不足に陥り、ほとんどの人びとは生計が立てられなくなった。残ったわずかな小麦は商人が高値をつけて輸出したので、人びとは小麦の船積みを阻止しようと反乱を起こしたこともあった。一七五七年四月二九日と三〇日の両日は、テルセイラ島アングラ・ド・エロイズモ市で小麦の船積みに対する暴動が発生した。このような食料危機にあるにもかかわらず、ある司教区の聖職者はその権力でもって多くの小麦を貯蔵していたので、役所が人びとに配給するように命じたほどであった。

一八世紀後半になるとアメリカ、ブラジルを始めとする外部世界からの船がアソーレスの港に停泊しはじめ、アフリカ人も捕鯨の労働力として雇われていたが、船上での生活の規律は厳しかった。当時のアメリカの捕鯨は鯨油の採取を目的とするものであった。小さなボートに乗り、銛や槍で鯨を捕まえると、まず第一に息の根をとめてしまい、大型の母船に運び込み、解体し、油を採った。一般的に、捕鯨船は船の倉庫の樽が鯨油でいっぱいにならないと母港に戻らなかった。主としてアメリカのニューイングランド地方に発達した捕鯨産業は、地理的状況によりアソーレスをも巻き込むことになった。二〇歳にもならない若者が貧しさから脱出するために捕鯨船に乗り込み、真の意味でのアソーレス以外の外部世界を見ることになった。世界の海を駆け巡り、無事にアメリカに上陸した者はその後、アメリカの繊維工場や農場などで働き、定住する者や金を貯めて帰郷する者もいた。一九六〇年代のアフリカの植民地戦争が激化すると、徴兵から逃れるためにも捕鯨船を利用した者もあった。

移住は世界各地で起こり、それぞれの移住には特色がある。ポルトガル語圏の世界にはポルトガル文化が少なからず継承されている。アメリカ、カナダでは、巨大なポルトガル人共同体が維持されている。一八世紀にはブラジルはポルトガル人に好まれた移住先であった。一九世紀末にはポルトガル人の目はアフリカに向けられた。二〇世紀にはヨーロッパとなった。アソーレスの場合は、一八世紀後半に出発点が見られる。アメリカの捕鯨船がアソーレス人を採用したことに始まり、これが一九世紀を通じて典型的なアソーレスの移住方法になり、そのまま捕鯨船でアメリカ、カナダへと渡った。移民（emigrante）は鯨捕り（baleeiro）とも呼ばれ、捕鯨船は密航船でもあったわけである。アソーレスは農業に適した天候だが繁栄とは程遠いもので、アソーレスには脱植民化現象が発生したと言える。一九六〇年以降、アフリカの植民地戦争の影響により、兵役を逃れるためのアソーレス人の他国への移住も活発になった。そのときも捕鯨船を使い、捕まらないように世界中の海の上で暮らしていた。アソーレス人の行き先は北アメリカのほかに、ブラジル、アルゼンチン、ヴェネズエラ、ハワイ、ニュージーランドだった。アメリカのアソーレス人共同体を、アソーレスが九島から成ることから、十番目の島と呼ぶ学者がある。移住の原因として経済、精神、家族的要因、さらに人口密度が高く居住空間が限られているためとも考えられる。大国ブラジルではサンタ・カタリーナ島を中心にアソーレス村が形成された。サンタ・カタリーナ島こそが真の第十番目のアソーレスの島に相応しいのではなかろうか。「歴史が導いた一民族の強制された運命」（Urbano Bettencourt. *Emigração e Literatura*. p. 23.）とまでも言われ、移住はアソーレス独特の現象であると言える。

アソーレス人の生活

ところで、植民当時に話を戻すと、テルセイラ島のアングラ・ド・エロイズモでは、日曜日はお祭りの日として貴族階級は権力と豊かさを豪勢に見せびらかしていた。召使を従えて輿《こし》に乗って教会前の広場に出向いた。一方、農業従事者は夥しい数の卵、果物、ワイン、ジャガイモを村に持ってきて、市場を開き、売買や物々交換を行い、魚、衣服用の布、靴、大小の陶器、香料、茶などを持ち帰ったが、それらの多くはブラジルやインドなどの外部世界からもたらされたものであった。行列の日の夕方には、行列が通る道は入念に掃除された。舗道は木々や花々の葉で敷き詰められた。行列を見ようと、家々の窓からは人びとが覗き、行列が過ぎると茣蓙に座っておしゃべりをしながら茶を飲み、修道院で作成されたレシピに基づいて作ったお菓子を食べた。お祭りのときは闘牛も行われ、貴族らが闘った後にその勇壮さを誇示した一方、民衆は焚き火で広場や通りを灯した。貧困・食糧危機など困難な現実がありながらもアソーレス人は明るく、開放的で、音楽、ダンス、仮面舞踏会、守護神のエスピリト・サントやサン・ジョアンのキリスト教の祭りを愛好していた。その性格の一端がこの祭りにも見出すことができるであろう。

ジョアン・バティスタの信仰

アソーレス史と日本史が交わる興味深いエピソードがあるので、紹介したいと思う。ポルトガル国王が遠征先のアフリカ北部で行方不明になり、スペイン国王がポルトガルを兼任していた一五八三年、スペインがテルセイラ島アングラ・ド・エロイズモに侵入した。約一〇日間に亘り略奪や処刑が行われた。街を死守しようとした貴族や庶民は絞首刑となった。絞首刑となった者の一人に、抵抗のリーダー的存在だったジョアン・バティスタの父もいた。ジョアン・バティスタは一五歳で本国のリスボン、その後コインブラに行き、イエズス会に入会した。一六〇一年、インド地方に行くように命じられたジョアンは、キリシタン宣教師として日本にまで辿り着いたが、当時の日本は禁教の嵐が吹き荒れており、長崎の五島列島に潜伏していたものの、大村で捕らえられ、一六一七年五月二七日に打ち首にされたのであった。この知らせは地球の裏側にある彼の故郷にも届いた。殉教した彼はアソーレスの人びとに感動をよびおこした。このような経緯からジョアン・バティスタは、島を出るかどうかの人生の岐路にある者の決断を後押ししながら守るアソーレスの移住における守護神と崇められることになった。外部世界に出るかどうかという決断は、貧困から逃れるかどうか、人生を良好なものにするかどうかの痛ましい選択であり、幻滅や新たな困難があり、帰島は不可能な場合が多かった。

アソーレス文化や文学においても島を出る現象は主要なテーマであり、火山の大地は人口増加を許すだけの食料を産出できないし、神秘的な火山活動は人びとの心を不安定にしながら、島から脱出させる主な要因とされている。さらに、インド地方からアソーレス経由でヨーロッパへ多くの産物を積んだ船を貪った海賊の襲撃も心理的にアソーレス人を脱出に導くとも言われる。これらさまざまな要因で移民となるアソーレス人たちの運命に着目することで、私たちはいままで気づかなかったヨーロッパ周辺史の存在に気づく。厳しい環境から脱出するための移民ではあるが、移民後の生活にも何の保証もなく、島を出るという行動は決して楽しいものではなかったのである。しかし、それでも少なからぬアソーレス人は島を出ていったのだが、その真の背景とは何であったのか。次章では、アソーレスから外部世界に出る理由について考える。

第二章　島嶼性と島を出る心理

この章では、アソーレス人がどうして島を出ていくのか。その理由を考察していきます。既述のとおり、いくつかの理由があるのですが、その内実を検討しますと、自発的なものと強制的なものがあり、諸条件が重なると、どちらとも受けとめられなくて、その果ては、そもそもそれが移住なのかどうかにさえ疑問を呈することになります。読者の皆さんのご意見はいかがでしょうか。この章で、この問題を皆さんと一緒に考えたいと思います。

特に、土地を早く見つけて、早く人を住まわせた者が、その土地の所有権を得る王室の時代ですと、いまから思えば適当でないことが行われていたとも思われます。


アソーレスには九つの島々があることはすでに述べたとおりだが、その大きさについて詳しく見てみよう。面積一三〇平方キロメールのサンタ・マリーア島。七四四平方キロメートルのサン・ミゲル島。初期はブラジル島と呼ばれたテルセイラ島の面積は四七六平方キロメートル。一八〇平方キロメートルのサン・ジョルジェ島。以前はブランカ島と呼ばれたグラシオーザ島は七二平方キロメートル。一六〇〇年代の地図にはフラメンゴス島とあるファイアル島は一六六平方キロメートル。サン・ルイース島と呼ばれたピコ島は四六〇平方キロメートル。サン・トマス島と呼ばれたフローレス島は一四八平方キロメートル。サンタ・イリア島と呼ばれたコルヴォ島は一二平方キロメートル。このように、アソーレスの火山列島それぞれの島が占める面積は狭い（Dias, Urbano Mendonça. *História dos Açores*, 2ª ed., Vila Franca do Campo, Tip. A Crença, 1942. p 9 e 20 – 23.）。

大航海時代にはこのように狭小な列島にポルトガルやフランドル地方の人びとを中心とした人びとは移り住まなければならなかった事情は前章で述べたとおりである。脱出したかった理由としては食料不足、人口過剰、さらには海に囲まれた狭小な島から出たいという精神的誘因や地殻変動からの逃避などが考えられると既述したが、ここではその事情をさらに踏み込んで検討してみよう。

地殻変動について

まず最初に、このアソーレスが火山列島であることに注目すべきであろう。この地では自然環境はとりわけ厳しいものであるといえる。

一四四四年のサン・ミゲル島の大噴火に伴い、セテ・シダーデスの渓谷が形成された。一五二二年一〇月二二日、同島ヴィラ・フランカ・ド・カンポの大地震では五〇〇〇人の死者が出た（Gaspar Frutuoso. *Saudades da Terra*. V.5, fasc. 4, Ponta Delgada, 1591.）。一五四七年五月一七日、テルセイラ島北部で地震が発生した。一五六二年八月三〇日、サン・ジョルジェ島とピコ島で地震があり、同年九月二〇日、二一日にピコ島のピコ・カルネイロ山の噴火があり、火山灰が東側にあるサン・ジョルジェ島に届いた（Gaspar Frutuoso. op. cit., p 460.）。続く二三日と二八日、サン・ジョルジェ島とピコ島で新たな地震があった。以後、一七五五年九月一日まで多くの地震、火山噴火などの地殻変動の記録がある。このような自然の脅威の中にあって、人びとは当然の如く脱出を頭に過ぎらせる（Ernesto do Canto（dir.）*Arquivo dos Açores*. Ponta Delgada, V. 3, 1881.）。

人口過剰について

一八世紀初頭のアソーレスの島々の人口と一平方キロメートルあたりの人口密度は以下のようである。サン・ミゲル島の人口は四万人、人口密度は一三九。テルセイラ島の人口は二万一〇〇〇人、人口密度は一三七。ピコ島の人口は一万一〇〇〇人、人口密度は六六。ファイアル島の人口は一万人、人口密度は一五一。サン・ジョルジェ島の人口は八〇〇〇人、人口密度は八七。グラシオーザ島の人口は五七〇〇人、人口密度は二四四。サンタ・マリーア島の人口は三六〇〇人、人口密度は九六。フローレス島の人口は三四〇〇人、人口密度は六二。コルヴォ島の人口は五五〇人、人口密度は八二。このように人口過剰の状態が見られる（*Boletim do Instituto Histórico da Ilha Terceira*, V. 38, Angra do Heroísmo, 1980.）。

食料危機について

アソーレスの植民は、大航海時代、アフリカにおけるポルトガルの植民地経営活動のために必要な穀物を提供できる中継基地として利用することが目的のひとつでもあった。ポルトガル本国では食糧が不足しているにもかかわらず、商業振興のため食糧輸出が続けられていた。庶民はその中で食糧不足に苦しんでいたのだが、ポルトガル王室だけは特権的な地位を利用して、庶民の困窮を尻目に大量の穀物を貯蔵していた。ポルトガルの深刻な食糧不足を補うためにもマデイラ島の砂糖の他に、アソーレスの小麦、大麦はリスボンに持ち運ばれていた。アソーレスで産出される小麦は、リスボンの他、モロッコ、マデイラ島にも供給されていた。すでに見たように、アソーレスの人口密度は高く、そのうえ、生産される小麦はリスボン、マデイラ、アフリカへと向けられれば、アソーレスに住んでいる人びとの食糧が充分であったわけがない。一七一三年のピコ島全体での飢饉は深刻であったし、一七四六年にはファイアル島が食糧難に見舞われた。一七四〇年から一七五四年まで、ファイアル島にて穀物生産量がゼロだった年は、八年間も数えられる。テルセイラ島アングラ・ド・エロイズモ市の公立文書館には、貧しいアソーレスの人びとの生活の糧となるためにトウモロコシや小麦が不足した嘆かわしい状況を訴える市職員の声も残されている。一七三八年から一七五七年までアングラ司教を務めたヴァレリオ・ド・サクラメントは、夏には四時、冬には五時に朝のミサを行う手筈であったが、悲惨な状況におかれた人びとに対してはそのミサに参加しなくても良いように対処の手を差し伸べた（Helder Fernando Pereira de Sousa Lima. "Os Açores na Economia Atlântica". in *Boletim do Instituto Histórico da Ilha Terceira.* Angra do Heroísmo, V. 34. 1976.）。

他の要因について

見知らぬ世界に対する冒険心に富んだ人びとが住んでいるアソーレスは、周りを海に囲まれており、島を出て海を通じて別世界に出て行きたいという心理はむしろ当然であり、それも移民の要因とも考えられる（Caetano Valadão Serpa. "Gente Açoriana. Emigração e Religiosidade, Século XVI–XX", in *Boletim do Instituto Histórico da Ilha Terceira*, Angra do Heroísmo, V 34. 1976, p 5–74.）。

政治的理由

アソーレスからの移住の要因は食料危機など、住むべき状況になかったとの理由も排除できないが、アソーレスの夫婦をブラジル南部に移住させようと努力させたのは、ブラジルにおいてポルトガルの存在感を強化させようとするポルトガル王室の思惑があったとも考えられる。一五五〇年九月一一日付けのポルトガル国王ジョアン三世がアングラにある海軍調達部のペドロ・アネス・ド・カントに宛てた手紙には、「予が手配する食料を載せた艦船にて、かのブラジルに渡って住むことに興味のある人びとがアソーレスのそれぞれの島にいるかも知れない」と書いている（José António Soares de Souza. *Açorianos na cidade de Salvador*. in Revista do Instituto Histórico e Geográfico de Santa Catarina, Brasil（RIHGB), Rio de Janeiro, V 219, abril–junho, 1952 p 3–26.)。

植民に関する国際的環境

ポルトガル国王の奨励もあって、アソーレス人は一六世紀、一七世紀の間、仕事や土地を求めてブラジルへ頻繁に移住するようになっていった。それまでは僻地であったブラジルのマラニャンという土地が急速に発展し、北部地方を代表するような町に成長した。移住者の輸送船は国王と契約がなされていて、国策としてのアソーレス人移住が精力的に推し進められた。アソーレス人家族は、謙虚で、信仰篤く、働き者として高い評判を得ていた。テルセイラ島出身のフランシスコ・カント・ダ・シルヴァは一五四九年のバイーア建設に関してトメー・デ・ソウザに同行したし、大勢のアソーレスの男や女はアフリカ、インド他、その後は特にブラジルに移住し、結果として海外におけるポルトガル国王の主権とポルトガル支配を保証することに貢献したのである。

北米移住に関しては、テルセイラ島アングラ・ド・エロイズモの大土地所有者ヴァスコ・アネスがアメリカ大陸への移住について全権限を掌握していた。ヴァスコ・アネスはポルトガル国王マヌエル一世から現在のヴァージニアあたりの新しい小さな土地の所有者としての許可を得ていたが、その主権を維持するためには植民されなければならなかった。アソーレスの気候と違い、冬には雪が降り、アソーレス人がこれまで成してきた農業には適せず、土地も荒廃しており、また、アメリカ先住民との摩擦もあった。やがてイギリス人が到着したときにはその小さなアソーレス人の集落は消滅したとされている。

移住か、海外派兵か

ところですでに述べたリスボンにある海外史文書館には、国王の命令によって征服、植民、その土地の経営のための戦争、海軍、海外領委員会が設置されことを示す文書が存在するほか、国王を始め、国王助言者、部下によって書かれた海外領についての通信文が保管されている。国王は、命令、告知、勅令などを発布し、助言者らに海外領の経営に関して意見を聞いていたし、部下からは時には抗議文や意見書、頼みごとなどの手紙を受け取っていた。国務大臣もその部下からさまざまな事案に関する申請書などを受け取り、官僚的プロセスによって国王に渡し、決裁を得ていた。助言者らも海外領に関する多くの文書を取り扱い、毎日、夥しい文書と格闘せねばならなかった。

そこにある文書を調査すると、特に一七世紀に多くのアソーレス人がブラジルに移住したことが判明する。一六一七年のポルトガル国王の手紙には、ブラジルのマラニャンとパラー川のあたりの集落を形成するためにアソーレス人が移住したことを現在に伝えているし、他の文書によると一六二一年にアソーレスからの二〇〇人の入植者らが天然痘によって壊滅したマラニャナンの集落を復興しに来たという記述がある。一六二八年には二〇〇人ほどのアソーレス人がマラニャンの入植地の人口補強のための用意があると報じられている。一六三五年の手紙には、マラニャンにてアソーレスから人びとが食料支援を頼んでいると書かれている。さらに、ブラジル発見から植民期のさまざまな時期に、リオ・デ・ジャネイロ、ペルナンブーコ、エスピリト・サントに入植したアソーレスの夫婦について述べる多くの文書がある。アフリカからは奴隷が労働力として連行されたが、カナリア諸島、マデイラ諸島、カボ・ヴェルデ諸島、アソーレスやポルトガル本国から多くの人びとが、彼らにとっては遥かな外部世界であったブラジルなどに移住してきた理由は、交易と貿易船を守る軍人としてであったし、その他に植民や要塞建設の目的があった。つまり、自国の領土と利益を守るための軍人として入植させたことも理解されなければならない。

一般の人びとは労働力であったし、土地の所有者は権力を拡張し、新たな土地を発見して貴族の称号を得たかったのである。多くの場合は、豊かさと大きな土地に対して夢を持たせた外部世界への移住が募集されたが、時によっては強制的様相を呈したこともあった。ポルトガルの海外領における権勢を保持するために、ポルトガル人の存在が必要であったので、この種の性格を帯びた移住はポルトガル王室によって支援、斡旋されていた。ポルトガル王室のコントロールの下にインペリオ（帝国）を建設するという王室の目的と、生活を改善したいという移住希望者の夢が表面的には合致したのであった。

スペインのフィリッペ国王がポルトガル国王を兼任した時期（一五八〇―一六四〇）には、スペインの財政問題もあってアソーレス人を海外派兵に採用したが、アソーレス軍人はスペイン軍人に比べて、給料は半分しかもらっていなかった。いずれにしても、アソーレス、マデイラ諸島、カボ・ヴェルデ諸島からは、頻繁に軍人として徴収された若い男性が主にブラジルなどの外部世界に出て行ってオランダに対するポルトガルの駐留ブラジル軍に編入されていた。同様に一八世紀になると、アソーレスやマデイラの島々からブラジル南部のサンタ・カタリーナやリオ・グランデ・ド・スルへ向けて、男たちが軍人として移住していった。王室の目的はブラジル南部におけるスペインとの領土支配、保全のためであった。しかるに、これは実態としてはもはや移住ではなくして、明らかに海外派兵と言えないか。

この当時のブラジルにおけるポルトガルの行動を具体的に見てみよう。当時はスペイン領との国境線問題もあり、一七三七年、リオ・デ・ジャネイロ長官のボバデーラ伯爵はリスボンの海外領委員会に対し、サンタ・カタリーナ島を要塞化して、ブラジル南部を唯一の軍事司令官のもとに統率させるべきであると書簡を出している。一七三八年、ポルトガル国王は旅団長ジョゼー・ダ・シルヴァ・パエスにサンタ・カタリーナ島に行き、要塞を建設するように命じた。翌年、ジョゼー・ダ・シルヴァ・パエスはそのサンタ・カタリーナ島の長官となり、翌年、直ちに近くのアニャトミリン島にサンタ・クルース要塞を建設し始め、一七四四年に完成した。この要塞の他に、サン・ジョゼー・ダ・ポンタ・グロッサ、サント・アントーニオ、ノッサ・セニョーラ・ダ・コンセイサンの各要塞の建設完了をもって、シルヴァ・パエスはサンタ・カタリーナ島を防御する軍事的に有効なシステムが出来上がったと考えるに至った。サンタ・カタリーナ島はリオ・デ・ジャネイロからラ・プラタ川に行く道中の中間に位置し、ポルトガルのスペインに対する戦略地理の重要地点へと変貌を遂げたのである。このような軍事的実効性を伴うブラジル移住・植民地化という行為は、庶民の生活を安定させるという目的はあくまでも二次的な意義しか持たず、第一の目的は何といっても海外軍事拠点の強化であったことを物語る一例であるといえるであろう。

第三章　サンタ・カタリーナ島の防備、要塞化の必要性

前章では、ポルトガルがブラジルをスペインに対抗する軍事・植民拠点にした経緯を見ました。この章では、ではなぜブラジル南部のサンタ・カタリーナ島がポルトガル王室の注目の的となり、要塞化する必要があったのか。その理由を戦略地理上重要な島に見出していたことを理解します。

歴史上、島が問題になるのは、さまざまな要因があると思われますが、現在の国際関係に応用できる史実だと思います。

現在のわたしたち現代日本人の身のまわりに、島をめぐる領土問題がありますが、大きな島でも、小さな島でも、その重要性は変わらないようです。一八世紀のポルトガル王室には、そのことがすでによく理解されていたのです。

サンタ・カタリーナ島の安全と防備、そしてその島を要塞化するに際しては、人びとを軍隊に編入して軍人として派遣し、入植させて住まわせなければならない奥の深い問題があった。一八世紀以降、ポルトガルの南アメリカにおける領土保全というものは、スペインとの争いでもあったのである。南米大陸におけるスペインの優位に対抗するためのポルトガルの前進基地としてもブラジルは重要視されなければならないのである。しかし、その保有には大きな複雑な問題を抱えていた。もともとサンタ・カタリーナ島は一七世紀半ば以来、流刑地、または亡命地としてポルトガル王室には考えられて

おり、そこに送られた者が集落を形成していた地だった。その頃はまだこの土地は大きな政治的意義は有していなかったのである。

スペインとの確執は一八世紀半ば頃のことである。一八世紀初期には、もっと厳格に統治されたリオ・デ・ジャネイロなどの他のブラジルの土地から逃れてきた者や追放刑にあった者の存在が認められ、地上の楽園であったサンタ・カタリーナ島が政治、法律制度上においては地上の地獄になった。この事実を知らない者にとっては、サンタ・カタリーナ島に移住することは単なる夢を求めての移住であったが、ポルトガル王室やブラジルの分割された土地の支配者、つまりカピタニアの長官などにとってみれば、まさに地上の地獄であり、社会と隔絶された場所であったし、サンタ・カタリーナ島のみならずさらに西域に存在する要塞都市コロニア・ド・サクラメントに人を住まわせて領土保全をするには戦略上都合のよい政策であったとみなすことができる。一七世紀後半以来、この方法はポルトガル主権の存在をスペインに対して認めさせる方法であったが、一八世紀後半にはすでに犯罪者や浮浪者を送り込むことは禁止されるに至った。

一六一五年のことであるが、フランシスコ・ディアス・ヴェーリョ・モンテイロはサン・パウロの近くのサントスから自分の家族と部下である多くの先住民の奴隷を引き連れて、サンタ・カタリーナと呼ばれるまではデステーロ（流刑地）と呼ばれたその地に移り住んだ。しかし、定住後、彼もその家族もほとんどすべての奴隷もイギリスやオランダの盗賊に襲われ、命を奪われた。自分の部下を大勢失い、領土保全に対する脅威の事実をつきつけられたこの事件はポルトガル王室にとって何のショックをも与えなかったとは考え難い。

森林への避難

ポルトガル王室の部下の存在がその土地の所有を対外的に示すことは言を俟たない。一七一二年にサンタ・カタリーナ島を旅したアメデ・フレジエは、島民が所持している自衛のための武器について考察している（*Ilha de Santa Catarina : relatos de viajantes estrangeiros nos séculos XVIII e XIX*. 4. ed., Florianópolis. UFSC. Lunardelli, 1996.）。火薬がほとんど手に入らなかったので島民の所持しているライフル銃は役に立たず、最も一般的な武器と言えば狩猟用のナイフ、矢、斧であった。しかし、交戦するのではなく茨の茂みや森林の奥に逃げ込めば、誰しも追って入り込めないので、それで十分であった。人を住まわせて領土を保全するということに関して、住民の生命の安全を重んじるのであれば、防御というよりもアメデ・フレジエの観察にあるように安全な場所にまず避難することも重要なことである。しかしこれは逃亡になってしまい、その島のポルトガル王室の主権を確定することにならず、敵対勢力に領地を明け渡してしまうことになる恐れがあり、ポルトガル王室にとってはそれは是認し難かった。しかし住民にとっては王室の思惑より、自らの安全のほうが当然大切で、この点に関して数年後、ジョージ・シェルヴォックは「街と呼ばれるものはなく、要塞というものはなく、森林だけがある。実際のところ、この森林は攻撃された場合に逃げ込むいわば最高の避難場所である」（前掲書四七頁）と、ポルトガル帝国の先兵として戦うよりも移民として身の安全を図る住民の反応を肯定している。この二人の観察によれば、サンタ・カタリーナ島のポルトガル主権を認識させる定住者の生命の安全に関しては、もし敵対的攻撃にあったならば、その島に存在する自然の特殊性により最低限の安全を得られたことは明白である。

領土の確保のための要塞建設について

植民地の住民が危機に際し、低木などの木々を壁とする原始的方法で避難をして安全を得られるのはよいが、ポルトガル為政者の植民地政策から見れば、それでは防備して抵抗するという点が欠如していると言わざるを得ない。

一六八〇年リスボンにて『ポルトガル要塞設計術』がすでに刊行されていた。サンタ・カタリーナで行われていたような原始的防御方法では土地は奪われてしまうことをポルトガルは憂慮していたのだ。一七〇一年には王の勅令により防衛学校が創設され、そのとき以来、数多くの防備、要塞に関する書物が刊行され、ポルトガルの軍事技術の発展に貢献し、植民地におけるそれら軍事施設の充実はひいては一八世紀初頭より宗主国ポルトガルの主権と権力の行使と統治の概念を強固にするものであった。主権の及ぶ範囲を保持し防御することが必要であり、軍事建築物、防衛施設、領土の安全としての要塞の概念が王室の間で芽生え、防衛技術を外部世界に持っていくことが目指され始めた。

一七一〇年、一七一一年、リオ・デ・ジャネイロをフランスが侵略し、ポルトガル側が確保していた捕虜などを解放したことは、ブラジルにおけるポルトガル支配の防御の脆弱さを露呈するものであった。この危機感を背景に、一七一二年、リオ・デ・ジャネイロ、バイーア、サントスのそれぞれの街に要塞を建設する計画を担った旅団長ジョアン・マセーがブラジルに派遣された。政治的、技術的条件がそろい、安全と防衛、領土の保全の問題点を解決するためであった。

一七一一年と一七一四年の二回に亘り、サントスの警備隊長マノエル・ゴンサルヴェス・デ・アギアールは、防衛施設を建設するに相応しい場所を探そうとブラジル南部を偵察した。一七二一年、リオ・デ・ジャネイロ長官アントニオ・デ・ブリット・イ・メネゼスは、アギアールが南部のラグーナにまで至る偵察に関する結果を報告させた。その内容はもちろん南部における植民とその保全に関することであったが、アギアールの報告はまったく曖昧なものであった。偵察部隊は実はラグーナまでしか行っておらず、サンタ・カタリーナ島を調査できていなかったからである。この情報不足は沿岸部の防衛強化計画を大いに停滞させた。結局、多くの海岸が存在し、あらゆる方向から船の接近が可能であるサンタ・カタリーナ島に要塞を建設して防御することは無意味であると考え、その報告がなされたので、サンタ・カタリーナに要塞を建設する計画そのものが間違いであるとの様相まで呈し始めたのである。

一七三五年、リオ・デ・ジャネイロの防備補強のために旅団長ジョゼー・ダ・シルヴァ・パエスが派遣され、同時に当地の長官となった。サンタ・クルース、サン・ジョアン、ラジェス、ヴェルガリャンの要塞を建設した。同年六月にはコロニア・ド・サクラメントが侵略される可能性があるとの知らせを受けた。一七三六年、リオ・デ・ジャネイロからコロニア・ド・サクラメントに向けてスペインからの脅威を取り除くために軍隊が派遣されると、サンタ・カタリーナ島はその海上輸送の中継点としての重要性を帯びるに至った。つまりリオ、またはリスボンからの艦隊は、順次サンタ・カタリーナ島に到着し、そこで補給し、再編し直し、コロニア・ド・サクラメントに向かわせることができるからである。一七三七年、旅団長ジョゼー・ダ・シルヴァ・パエスは六月二一日の書簡により、サンタ・カタリーナ島を統治するいくつかの要塞が必要であると認めると表明するに至ったので、サンタ・カタリーナ島は単なる流刑地からブラジル南部のポルトガル主権の保全のために重要な戦略的地点と変貌したのである（Walter Fernando Piazza. *O brigadeiro José da Silva Paes*, Florianópolis, ed., UFSC. 1988.）。

一七三八年五月、リスボンの海外領委員会は、サンタ・カタリーナ島を占領しようとするスペインの野望を起こさせないために、旅団長ジョゼー・ダ・シルヴァ・パエスにサンタ・カタリーナ島に行き、防御と保全に必要と思われるしかるべき補強をするように命じた。商業取引上重要な都市コロニア・ド・サクラメントの保全がかかわるので、同年八月には国王の書簡によりサンタ・カタリーナ島の港を防御する要塞建設が旅団長ジョゼー・ダ・シルヴァ・パエスに命じられた。実に、このときまでは、サンタ・カタリーナ島に要塞を建設する考えは間違いであったとみなされていたが、ブラジル南部のポルトガルの存在を確保し続けるための唯一の可能性として要塞建設が不可欠であるとの国家戦略がとられたのである。この要塞を完成させたポルトガルのサンタ・カタリーナ島での存在感は不動のものとなり、以降この地は他のヨーロッパ諸国の侵略意図を未然に防ぐのに成功した（Marlon Salomon. *O saber do espaço. Ensaio sobre a geografização do espaço em Santa Catarina no século XIX*. Florianópolis, 2002. Tese（doutorado em História), UFSC.）。

第四章　ポルトガルの植民地アソーレス諸島からブラジルのサンタ・カタリーナ島へ　その移住の必要性

ポルトガル王室はどうしてアソーレス人を移住させたのか。しかも、その行き先がどうしてサンタ・カタリーナ島であったのか。そしてそれはポルトガルにとって、はたしてどんな重要度があったのか、絶対成し遂げなければいけない国家事業であったのか、などを考察するうえで、本章は本書の中で重要な章になります。

国を統治する立場にある者の決断は、当該の事項を解決するだけでなく、国際的な利益までも包含するものであることが理解できることでしょう。そのことにより、その政策下で一個の人間がどのように扱われるようになるのかも深く考えなければなりません。

どこの島かは明確でないがアソーレス諸島在住のアゴスティーニョ・ダ・トゥリンダーデという人物が、ポルトガル国王に宛ててピコ島とその周辺の島の人びとをブラジルのサンタ・カタリーナ島に連れていける用意があるとの書簡を一七二七年に出している。すでに一七二一年以降、ブラジルに向けての移住の対策がとられたのだった。

一七二二年八月九日、ジョアン・マシャド・グラールは、サン・ジョルジェ島ヴィラ・ノーヴァ・ド・トッポ村役場に登録された二九四人に加えて、ピコ島サン・ロケ村の一四二人、同島ラジェス村

ファイアル島よりピコ島の山（高さ 2351 メートル）を望む（著者撮影）。

一八一人を移住希望登録者リストとしてピコ島ラジェス村役場に提出した。

一七二九年八月三〇日付け、ピコ島ラジェス村の住民はポルトガル国王宛の書簡で次のように述べている。

「国王陛下もすでにご存じのごとく、このピコ島で大火が発生し、島の多くの部分が焼けてしまい、畑は大損害を受け、住民はかなりの財産をなくしてしまいました。私はこのような惨状を目にしまして、この役所に駆け込み、国王陛下に向けまして、ブラジルの沿岸にこの悲惨な状態にある臣下たちを送っていただけないかと思いましたのでこの手紙を書いております。ブラジルのまだ人の住んでいないところに私どもが行きますことは、国王陛下と王室のためにとりましてはどれほど有益でしょうか。（中略）私どもは何回も大嵐にあっており、また本年一七二九年八月二二日にはピコ島で多くの地震があり、多くの家屋は倒壊し、教会も損壊してしまいました。ピコ島全体が煙に覆われており、地中のどこから火が噴出してくるかもわかりません。このように貧しく苦悩する者に対して願わくば国王陛下のお助けの手を差し伸べられんことを」(Arquivo Histórico Ultramar.(以下 AHU と略)Lisboa. Núcleo Açores. Caixa n°1, doc. s/n°.)。

一七三〇年一〇月六日、海外領委員会はブラジルの分割統治領カピタニアにおける植民の利益を吟味した。その中でも特に、他の国家に占領される前に南西域リオ・グランデ・デ・サン・ペドロの地点を植民することが注目された。つまり、ピコ島の住民をリオ・グランデ・デ・サン・ペドロとサンタ・カタリーナ島に入植させるべきであるとの意見が考慮されたのであった。

ピコ島ではブラジル南部への移住に向けての慌しさがみられた。サン・パウロ長官アントニオ・シルヴァ・カルデイラ・ピメンテルはピコ島民をサンタ・カタリーナに入植させる準備を始めた。

前章で述べたジョゼー・ダ・シルヴァ・パエスは、サンタ・カタリーナ島カピタニア長官に就任後、軍人の必要性の問題も感じ取り、ポルトガル王室に提案している。一七四二年八月二三日付サンタ・カタリーナ島からの書簡には次のようにある。

「本年三月二六日付、アントニオ・ゲデス・ペレイラ国務長官の書簡により、国王陛下の命令の下、このサンタ・カタリーナ島の港の南側からの入港に防御を施すことにつきまして、九月には着手したく存じます」(AHU. Lisboa. Núcleo Rio de Janeiro. Caixa n°41, doc. n°59.)とあり、続けて、「要塞に大砲と弾が必要であれば、それを管理する人手がなくては防御できません。しかるところ一連隊は必要になります。もしアソーレスの島々からいく人かの夫婦の派遣や新たな徴兵が可能でありましたら非常に有効でございましょう。そのことによりましてこの土地、アメリカだけでなくヨーロッパにとりましてもふさわしい発展がなされるでしょう。夫婦の子どもたちはリオ・デ・ジャネイロの連隊やここのどこよりも必要となる兵役に仕えることになるでしょう。国王陛下が最も都合が良いと判断されることが実を結ぶことでございましょう」と兵士の存在の必要性を述べて、提案している。

このシルヴァ・パエスの提案に対して、海外領委員会の公聴を経て、国王の一七四三年二月二一日付勅令が下付された。

「リオ・デ・ジャネイロ長官および総司令官に告ぐ。海外領委員会の秘書が筆写した書簡を同封するが、旅団長ジョゼー・ダ・シルヴァ・パエスが書簡にてサンタ・カタリーナ島を防衛する連隊創設の提案したところにより、サンタ・カタリーナ島にいく人かのアソーレスの夫婦を送る」(AHU. Núcleo Rio de Janeiro. Caixa n° 41, doc. n°59.)

一七四二年一二月一七日にリオ・デ・ジャネイロ長官、総督ゴメス・フレイレ・デ・アンドラーダに送られたシルヴァ・パエスの提案について同総督は一七四三年八月三一日付意見書にて次のように述べていた。

「国王陛下が私にお知らせになりました旅団長ジョゼー・ダ・シルヴァ・パエスの提案につきまして、同旅団長が言う必要性を考慮に入れますと、確かにアソーレスからの人びとはサンタ・カタリーナ島に入植し、防衛にあたることができるでしょう。（中略）島の要塞にて防衛任務にあたるに人びとは四〇〇人とその他の奴隷で十分でありましょう。海から囲まれたときに大砲を操縦するにはそれだけで良いでしょう。（中略）」（AHU. Núcleo Rio de Janeiro. Caixa n° 41, doc. n°59.）

一七四四年三月一一日付、五人の助言者が署名し、海外領委員会にてゴメス・フレイレ・アンドラーダの意見書に同意することにした。同年一七四四年五月一五日、連隊派遣にかかる費用が計上された。

一七四六年、リスボンの宮廷にはアソーレス諸島の状況についての国王宛のひとつの文書があった。

「アソーレスの島々の人びとは国王陛下に対しまして、多くの人びとが仕事もなく、生きる術もなく、ブラジルへ行く必要性について応じて下さるように何回もお願いしてきました。国王陛下がアソーレスの夫婦をアメリカの地に送って下さるならば苦難が減り、大いなる安らぎを得ることができるでしょう。ブラジルでは広大な土地のいくつかを与えられる恩恵があるでしょうし、仕事もないアソーレスの夫婦は、かのブラジルの地で大きな生産に携わることになるでしょう」（AHU. Núcleo Açores. Maço n°2, doc. n° n9, fls. 1–2.）と述べながらさらにアソーレスからブラジルに行くことの有効性を続けている。

国王ジョアン五世は一七四六年八月一日、この案件を海外領委員会の審議にかけ、王室国庫の役人に意見を聞いた。同年一七四六年八月八日、国王に対して意見書が上奏された。そこには、ブラジルに植民することはブラジルの安全のために重要である。さらに驚くべきことに、王室国庫から四〇〇組の夫婦の輸送の費用を出すことの許可を願うことが書かれており、そしてブラジルに行きたいアソーレスの人びとのために王の公示をすべきとしている。具体的には、男は年齢四〇歳以下であること。女性は三〇歳以下であること。国庫から費用を出すのは航海だけでなく上陸後の安住の場所までの陸上交通までも含めるものであった。そこでは土地が直ちに与えられ、入植後二年以内は徴兵されないこと。ライフル銃一丁、二つの鍬、一つの手斧、一つのハンマー、一つの大刀、二つのナイフ、二つのハサミ、二つの木工ぎり、一つのこぎりとやすり、目立て器、二アルケイレ（一アルケイレは二万四二〇〇平方メートル）の土地、牝牛二頭、馬一頭が与えられる。また最初の年は（中略）男女それぞれひとりにつき必要と思われる小麦粉が供給されるが、七歳以下の子どもには供給されない。一四歳以下の子どもには四分の一程度が供給されるであろう。このように具体的に書かれたうえに、定住する地にはアソーレス夫婦とともにイエズス会士も布教に行くのがよかろう、と述べている。続いてマデイラ島フンシャル、アソーレスのテルセイラ島アングラの司教、サン・パウロの司教にもこの種の知らせの下書きを送っている（AHU. Núcleo Açores. Maço nº2, doc. fls.7－14.）。

＊

サン・パウロ管区判事としての職務歴がある海外領委員会委員のラファエル・ピレス・パルディーノは当時のブラジルの現実をよく知っていた。彼は、ブラジルでは土地の防衛任務にある兵士も奥地へ逃げてしまうこともあり、人手不足を指摘し、アソーレスからの人びとを入植させる必要性を説いた（AHU. Núcleo Santa Catarina. Caixa nº1, doc. nº27, fls. 1–3.）。それを受けて、ポルトガル国王はアソーレスの司法長官に一七四六年八月三一日付書簡にて、王室の費用でアソーレスの夫婦を自発的意志によってアメリカの土地に移送すること、海外領委員会はその実行のために全力を尽くすことを伝えた（AHU. Núcleo Açores Maço nº2, doc. nº10.）。

人口減少政策としての移住の奨励

もともと火山の島々であるアソーレスでは、一五世紀のポルトガルによる植民以来、肥沃な土地が減少していた。同時に農作業に適したわずかな耕作地が一部の少数の人びとの手中にあった。一八世紀、人口が増加するとそれに比例して食糧も必要となるが、不作により食糧がなくなると人びとが暴動を起こしていたことはすでに述べた。このような事態に対し、ポルトガル政府が当時の人口政策として採ったのが移住であった。不作によって食糧が少なくなると国家の支援で移住が奨励され、これとは逆に食糧が多く産出されると、農夫をその土地に留めて置くために移住を制限していた。アソーレスから外部世界へ出ることは、兵役によるもの、自発的、強制的移住であれ、基本的にアソーレスの人口政策としての移住政策として行われていた。男たちがその入植地の防衛任務にあたるのは、当然のこととされた。その土地の保全に脅威となるおそれがあれば戦争準備をして、移住者という名目で兵士を大量に移送することも国家としては当然であったと言える。

アソーレスの住民が多くなりすぎたことが理由でブラジルに移住する人びとを募集することがポルトガル国王の命令により広められたことを以下に考察していく。

テルセイラ島アングラ・ド・エロイズモの長官は海外領委員会に対して、テルセイラ島の人口が多すぎ、治安も悪化しているので六〇〇人かそれ以上の島以外への移住が必要であると書き送っている。

一八世紀にアソーレスに旅をしたスウェーデンの男性は、この時期、偶然にもアソーレスでは男性よりも女性が多いことを観察している。女性のほうが多く生まれたことの他、未婚男性がブラジルなどに移住できたのに対して、未婚女性は移住をしなかった。既婚女性は夫とともに移住をした。新しい土地に住み着くことが目的であったので移住を最も奨励されたのは結婚したばかりの若い夫婦、もしくは家族全体であった。したがって、植民地ブラジル、特に南部地方の植民に関しての一八世紀当時の外交文書には「アソーレス夫婦」という文言がよく見受けられる。

一八世紀には暴風、旱魃、疫病、地震、火山噴火などの自然災害が多くあった。一七一八年一一月、ピコ島の火山噴火は激しいもので溶岩が島を飲み込み、農業のできる土地は消滅した。ポルトガル王室はそれをブラジル南部へ移住させる好機とみなしたが、ピコ島の住民はブラジルでの安楽な生活の約束をすべて信じることができず、王室の要請は快く受け入れられなかったこともあり、自然災害が契機となり、移住政策が一気に進展するということはなかった。アソーレス社会を安定させ、ブラジルの人口増加のためには逮捕者やならず者を強制的に送り込むという手法も採られた。このような方法はポルトガルにおいては通常のことであった。ブラジル南部のポルトガルの植民政策は遅れることになり、一七四〇年代になり、その事項について海外領委員会が本腰を入れることになった。つまりリオ・デ・ジャネイロからラ・プラタ川までのブラジルの土地におけるポルトガルの存在を補強することがブラジルの現地から要請されていたからであり、一七三八年にはサンタ・カタリーナ島を中心とする地区にカピタニア制（ブラジルを一五の地域に分け、国王に貢献のあった臣下にその統治権が譲渡された封建的植民地開発方式がその始まりだが、その後は総督制がとられた。その統治方法をサンタ・カタリーナに採用したのだった）を導入し、旅団長ジョゼー・ダ・シルヴァ・パエスを長官としたのだった。

＊

ブラジルは広大であるので、その土地の支配は困難を極め、ときには戦争があり、またあるときには外交交渉によって国境線が引かれていた。ブラジルでの経済的な搾取活動は植民の原動力となり、植民を実現したものが事実上その植民した土地を支配することになった。一七世紀には、ポルトガル人は金を探し求め、スペインから現在のマト・グロッソ州のあたりの土地を奪った他、その後のゴム採取によってブラジル、ペルー、ボリヴィアとの間に境界を定めながら大西洋沿岸や奥地の北西部に向かってブラジルでの勢力を拡大していった。

その多くの土地は定住者のいない土地、もしくは先住民が住んでいた土地で、スペインとポルトガルが地球を二分割した一四九四年のトルデシーリャス条約によってスペインに属したものだった。「二分割した」と言っても、そのスペインとポルトガルの条約による南北に走る地球分界線は曖昧で、人びとは自分がポルトガル側に住んでいるのかスペイン側に住んでいるのか判らない場合がときおりあった。したがってそこに住んでいるヨーロッパからの入植者はスペインとポルトガルの王の領有権の論争に巻き込まれると、当然命令として言われるままに住むところを変えなければならなかった。

ブラジル南部においては土地の占領と領有権の対外的誇示は、まずは家畜の飼育、サン・パウロ在住のポルトガル人が先住民を捕獲することなどによってなされたが、サンタ・カタリーナ島は一七世紀中頃になってポルトガルが実際に植民をし始めた。サンタ・カタリーナ島の沿岸部にはトゥピー・ガラニー先住民族の一部であるカリジョー族が住んでいた。小さな村に住み、主に漁業、狩猟、採集をしながらも、当時としては珍しいことに農業を営み、トウモロコシやマンジオッカの栽培をしていた。さらに、網、莫蓙、籠、狩猟の罠の器具、漁業用工具類などを作っていた。磨いた石や細工を施した木材は漁業や交戦時にも使用された。カヌーなどの軽量の船も製造し、大きな陶器も日常生活に用いられるなど繊細な芸術的センスを有していた。

このカリジョー族は一六世紀、一七世紀の間に絶え間なく奴隷狩りの対象となり、ついには絶滅してしまった。一七世紀中頃には毎年一万二〇〇〇人の先住民がサン・パウロからの奥地探検隊によって捕らえられ、ラグーナの港から運び出されていた。アソーレス人がサンタ・カタリーナ島に到着したときは、ほとんど人がいない状態であった程で、その島に住んでいたカリジョー族は奴隷としてサン・パウロに連行されたか、もしくは奥地に逃げ込んだのであろう。

一六七五年頃にサンタ・カタリーナ島に住み着いた入植者フランシスコ・ディアス・ヴェーリョは、その島の村を統治していた。住民数はおよそ四〇〇人であり、穀物粉の一種であるマンジオッカ、サトウキビの栽培の他、漁業、そして金の採掘をしていた。ところが一六八七年に海賊船がカナスヴィエイラスに投錨したので、フランシスコ・ディアス・ヴェーリョはそれを捕らえ、サン・ヴィセンテに護送した。ポルトガル王室財務省は海賊は解放したが積荷を没収したので、二年後に海賊が復讐にやって来てフランシスコ・ディアス・ヴェーリョの統治する村を奇襲した。フランシスコ・ディアス・ヴェーリョは死亡し、その家族は補給品との交換条件で解放されたと伝えられる。この悲劇によってサンタ・カタリーナ島にはほとんど誰も住まなくなった。それにもかかわらず、ポルトガル王室はスペイン人が採掘した銀が運び出されるラ・プラタ川までの支配権をあきらめようとせず、軍事的に重要であるサンタ・カタリーナ島を占有し、軍事力を増強する目論みをそれ以降も持ち続けた。

サンタ・カタリーナ島の植民の決断

一七四六年、海外領委員会は「最高度の国家の防衛のための植民」を国王に対して進言したことは既述したとおりだが、これに応じてポルトガル国王は国境線にあたる地区にさらに植民するべきであるとして、ブラジル北部においてはフランスとオランダに対して、南部においてはスペインに対して植民によって国境線を強固にすることを目指した。植民は土地の防衛はもちろんのこと、経済的にも保証されるものでなければならなかった。この指針の下に、リオ・デ・ジャネイロとラ・プラタ川の間に位置する戦略的重要地点のサンタ・カタリーナ島はブラジル南部の植民最優先地となった。

しかし、ブラジルの他の経済的に肥沃な地点から、何の経済的見込みもないサンタ・カタリーナ島に人びとを移動させるのはすでに入植が成功している地域の人口と防御が手薄になるので実行不可能であり、奴隷や軍人をそこに常駐させても経済活動もなされないので植民にならず、難しい問題であった。そこで王室は新しい政策に着手する。一八世紀にはブラジルの金の産出に目を向けたポルトガル人がブラジルに渡っていたので、ヨーロッパのポルトガル本国から人びとを送ろうとポルトガル王室は考えたのである。そのときにまさに人口増加と食糧危機の状態にあったのが大西洋のアソーレスとマデイラ諸島であった。これに着目したポルトガル王室はその島々の人びとをサンタ・カタリーナ島に入植させることに決定した。これについては大筋は前述のとおりだが、それにはポルトガルの政治的な要請が背景だったことが理解できるであろう。

一七四六年の公示には次のようにある。

「ポルトガル国王は、アソーレスの住民の代表者の要請を受け入れ、アソーレスから相当数の夫婦（Casais）をアメリカ（ブラジル）に移送するように命じる。そのことによりアソーレスは今ある苦境に苦しむことはなくなり落ち着くことになるであろう。またブラジルでは広大な土地のいくつかを耕作するために与えられるであろう。ブラジル定住を希望するアソーレスの夫婦の移送方法については、海上のみならず住居となるべき場所までの陸上に関しても王室財務省が取り計らい、またその費用も同省がまかなうように命じる」（AHU. Núcleo Açores. Maço 2, doc. nº 78.）。

女性は三〇歳まで、そして男性は四〇歳までと年齢制限が設けてあり、耕作、家畜の世話に熟練した男性、家事や紡績に慣れた女性、そして子どもを含め総勢約六〇〇〇人がサンタ・カタリーナとリオ・グランデ・ド・スルに移住して、安定した植民によってポルトガル領土としての保全ができることを目指したものだった。一六世紀、一七世紀と違い、今回はポルトガル王室が、スペインに対する

ELREY NOSSO SENHOR, attendendo às representações dos moradores das Ilhas dos Açores, que lhe tem pedido mande tirar dellas o numero de cazaes, que for servido, e transportallos a America, donde resultarà às ditas Ilhas grande alivio em naõ ver padecer os seus moradores, reduzidos aos malles, que traz comsigo a indigencia, em que vivem, e ao Brasil hum grande beneficio em fornecer de cultores alguma parte dos vastos dominios do dito Estado: foy servido por resoluçaõ de 31. de Agosto do prezente anno, posta em Consulta do seu Conselho Ultramarino de 8. do mesmo mez, fazer mercê aos cazaes das ditas Ilhas, que se quizerem hir estabalecer no Brasil de lhes facilitar o transporte, e estabalecimento, mandando-os transportar à custa da sua Real Fazenda, naõ sò por mar, mas tambem por terra atè os sitios, que se lhes destinarem para as suas habitações, naõ sendo os homens de mais de 40. annos de idade, e naõ sendo as mulheres de mais de 30. E logo que chegarem a desembarcar no Brasil, a cada mulher, que para elle for das Ilhas de mais de 12. annos, e de menos de 25. cazada, ou solteira, se daraõ dois mil e quatro centos reis de ajuda de custo, e aos cazaes, que levarem filhos se lhes daraõ para ajuda de os vestirem mil reis por cada filho; E logo que chegarem aos sitios, que haõ de habitar, se darà a cada cazal huma espingarda, duas enxadas, hum machado, huma enxò, hum martello, hum facaõ, duas facas, duas thesouras, duas verrumas, huma serra com sua lima, e travadoira; dois alqueires de sementes, duas vacas, e huma egoa; e no primeiro anno se lhes darà a farinha, que se entende basta para o sustento, que saõ trez quartas de alqueire da terra por mez para cada pessoa, assim dos homens, como das mulheres; mas naõ às creanças, que naõ tiverem sete annos; e aos que os tiverem atè os 14. se lhes darà quarta e meya para cada mez. Os homens, que passarem por conta de Sua Magestade, ficaràõ izentos de o servir nas tropas pagas, no caso de se estabalecerem no termo de dois annos nos sitios, que se lhes destinarem; aonde se darà a cada cazal hum quarto de legoa em quadra para principiar a sua cultura, sem que se lhe levem direitos, nem salario algum por esta sesmaria, e quando pelo tempo a diante tenhaõ familia, com que possaõ cultivar mais terra, a poderàõ pedir ao Governador do destricto, que lha concederà na fòrma das ordens, que tem nesta materia.

E aos cazaes naturaes das Ilhas, que quizerem hir deste Reyno, por se acharem nelle, se lhes faraõ as mesmas conveniencias; como tambem aos cazaes de Estrangeiros, que naõ forem Vassallos de Soberanos, que tenhaõ dominios na America, a que possaõ passar-se; e aos que forem Artifices se lhes darà huma ajuda de custo, conforme os requezitos que tiverem.

Todos os que se quizerem aproveitar da dita mercè nesta Corte vaõ alistar-se nas segundas, e quintas feiras de tarde a casa do Dezembargador Jozé da Costa Ribeiro, Executor do Conselho Ultramarino que mora na rua direita de S. Jozé detraz da Igreja da Annunciada.

公示（内容については本文 69 頁参照）。

国境線拡張競争の一環として、政治経済的組織をサンタ・カタリーナとリオ・グランデ・ド・スルに植えつけるという目的で、アソーレスからの移住を支援した。アソーレスを出発する前に、男たちは新しい領土防衛のための軍規を教えられ、若年層家族の移送が優先され、さらに植民を加速させることになる出産適齢期の女性には金が支給される手筈だった。今一度、ここでその通達の内容を見ておこう。この異常なまでの手厚い移民奨励・優遇措置には帝国としての意図である、他のヨーロッパ諸国への植民地獲得競争上の対抗心と、国内の貧困民を海外に送り出してしまう、人口減少政策が垣間見られるであろう。

「男性は四〇歳以下、女性は三〇歳以下とする。ブラジルに行く女性で一二歳以上、二五歳以下の者は既婚、未婚を問わず二四〇〇レイスの費用が与えられるであろう。また自らの子どもたちを連れて行く者には、子どもひとりにつきその衣服のために一〇〇〇レイスの援助が与えられるであろう」

(AHU. Núcleo Açores. Maço 2, doc. nº 78.)

一八世紀中頃のポルトガルはブラジルで搾取された金、ブラジル以外のポルトガルの植民地からの産物で、大いなる繁栄を実現しており、国王ジョアン五世は巨大なマフラの修道院を建設するなど、偉大さを誇示しながら、ブラジルの国境線問題においてこのようにして国費でもってアソーレスから入植させることにより、男は軍人として南部のスペイン、北部のオランダとフランスに直面し、対抗することができたのである。

第五章　出発前の準備

前章ではポルトガルがブラジルへ国民を送り出すまでの政策成立の事情を見ました。では、実際に移送が決まってから、すぐに船を出すのは簡単なことだったのでしょうか。王室の権力が絶対的な時代だったので、迅速に事が運ぶのかとも思うのですが、ところが、名簿作成、海外派兵のための軍階級の決定、移送船の選定、契約など、多くの手続きがあり、事は簡単に済まなかったのが実情のようです。

手続きなどは、面倒で、嫌になってしまいますが、ポルトガル帝国は多くの官僚によって運営される近代国家としての側面も持っていたので、国策進行上、この類の書類作製は欠かせない業務でした。このような官僚的手続きを経て、移送という大事業を実行していたので、現在に生きる私たちにも当時の人びとの労苦が読みながら伝わってくることでしょう。

移住希望夫婦の登録

一七四六年、アソーレスの司法官（コレジェドール）は、アソーレスの夫婦をブラジルに移送することを告げる国王の勅令を受け取った。四〇〇部のコピーがアソーレスに送られて、その中には移送条件や登録の方法などが示されていた。役所などの公共の施設や人通りの多いところに掲げて国王からの公示であることが明示された。主な内容はすでに見てきたとおり、男は四〇歳まで、女は三〇歳までの年齢制限があり、決められた土地が与えられ、子どもが増えるとさらに土地が得られるし、各集落に共用の空き地も保証されることになっていた。もっと土地を得たければ国家の土地の分割封与を申請する権利なども予定されていた。

一七四六年一〇月一五日、裁判所書記官が書いたアングラ市役所記録簿には、アソーレスの司法官の責任として以下の点が記されている（Biblioteca Pública e Arquivo Distrital de Angra do Heroísmo. L. de Registro Geral, 1735–1753. Fls. 198–199–199v. e 200.）。

（1）アソーレスのすべての集落に公示を広めるようにすべての役所に決定させること。
（2）移住希望者の登録担当者を役所が決めること。
（3）登録簿には婚姻証明書とともに移住希望者の身体的特徴、健康状態、性格、体格、仕事とその任務などを記入すること。
（4）役所は四〇から五〇人の男からなる軍の中隊を形成し、その中から隊長、少尉、軍曹を選任すること。
（5）司法官はそれぞれの港から乗船する人数を決めること。

このようにアソーレスの役所、担当者の役割は大変骨の折れるものであったが、勤勉にその任を果たし、島々の集落に公示が出された。この通達は広く流布したようである。テルセイラ島アングラ市役所では一七四六年九月九日に議会で知らされた（Biblioteca Pública e Arquivo Distrital de Angra do Heroísmo. L 20 de Acórdão, p 105v e 106.）。ブラジルについての現実があまり理解されておらず、例えば、未開の森林があり、土地は肥沃で家畜も豊富であると言われ、ブラジルは新しい楽天地かのごとくの観測がなされた。

一七四六年一一月二〇日、サン・ジョルジェ島カリェッタ村でも公示が役所や教会の戸口に掲示された（Cunha, Pe. Manuel de Azevedo da. *Notas históricas–Anais do Municípios da Calheta*（*S. Jorge*）. Ponta Delgada, Ed. Universidade dos Açores, 1981, p 685–686.）。

アソーレスの司法官は一七四七年九月一七日付国王宛書簡にて（AHU. Núcleo Açores. Maço nº 2, cod. nº 32.）、六九三九人の男女が登録しており、そのほかに一〇三〇人の独身者が登録したと記している。また、年齢制限を超過した希望者もいたが、若年層の子どもを連れて移住したいとの希望が聞き入れられ、登録が受理されることもあった。登録後に生まれた子どもも連れていくべきであり、登録者には兵士、刑に服役中の者もいるが、極刑などに値する重い罪を犯した者以外の軽い暴行、窃盗の罪を犯した者は容赦して乗船させてほしいなどと記している。

これに対しての海外領委員会の意見は（AHU. Núcleo Açores. Maço nº 2, doc. nº 31, anexo.）、登録後に生まれた子どもは夫婦と一緒に送るべきであるとしているなど、ほぼ同意している。サンタ・マリア島（一七四七年四月一九日 AHU. Núcleo Açores. Maço nº 2, doc. nº 15, fls. 3 e 4.）、サン・ミゲル島（一七四七年五月一四日 AHU. Núcleo Açores. Maço nº 15, fls. 5.）の司法代理人マノエル・サルメントも夫婦に付

島	市・村	夫婦数	家族数	独身者数	合計人数
サン・ミゲル島	ポンタ・デルガーダ	47	257	—	257
	リベイラ・グランデ	14	62	—	62
	フランカ	2	9		9
テルセイラ島	アングラ	141	706	73	779
	サン・セバスティアン	9	45	—	45
	プライア	12	88	—	88
グラシオーザ島	サンタ・クルス	62	291	82	373
	プライア	64	309	90	399
サン・ジョルジェ島	トッポ	75	369	50	419
	カリェッタ	146	819	151	970
	ヴェラ	246	1433	—	1433
ピコ島	サン・ロッケ	96	445	157	602
	ラジェス	54	292	146	438
	マダレーナ	6	446	290	736
ファイアル島	オルタ	210	1207	—	1207
	合計	1294（＊）	6778	1039	7817

（＊）数字、計算には誤りがあると思われるが原本どおりに示した。

き添う子ども以外の男女（両親、伯父、叔母、高齢者などの親類）について、乗船させるべきとの判断を仰いだところ、乗船させるように海外領委員会は同意（一七四七年六月八日 AHU. Núcleo Açores. Maço nº 15, fls. 6.）している。

さらにマノエル・サルメントが三〇歳以上の女性について乗船させることにしたのも（一七四七年八月二六日 AHU. Núcleo Açores. Maço nº 2, doc. nº 15 fl. 1.）、一七四七年七月四日の海外領委員会の通達によるものであった（AHU. Núcleo Açores. Maço nº 2, doc. nº 15 fl.2.）。そこには、戸主の両親、義理の両親、高齢者も家族と一緒ならば乗船、同行させるように決定したことが記されている。

当時の証明書などの記録において身体的特徴について、髪の毛、肌の色、体格、顔の形、目の色、鼻、口、ひげなどの特徴が詳しく記録されているが、字が読めるかどうかまでは記されていない（AHU. Núcleo Açores. Maço nº 2, doc. nº 16 fl.1 a 9.）。

移住登録の結果

集落という集落では移住希望の登録がなされ、大脱出の様相を呈する移住の現象のはじまりとなった。九島のうち、六島の一七四七年の登録結果が作成された。すべての記録は現存はしない。数字には誤差があると思われるが記録（AHU. Núcleo Açores. Maço nº 1, doc. nº 9.）には次のようにある。

人口と登録者数の比率について

サンタ・マリア島、コルヴォ島、フローレス島の該当事項が残っていないが、人口減少プロセスを

島	1747年の人口	登録者数	比率
サン・ミゲル	46415	328	0.73
サンタ・マリア	4280	—	—
テルセイラ	22460	912	4.51
グラシオーザ	6799	772	11.51
サン・ジョルジェ	11616	2822	24.00
ファイアル	43902	1207	2.75
ピコ	19192	1776	9.00
フローレス	4622	—	—
コルヴォ	427	—	—

数字、計算には誤りがあると思われるが原本どおりに示した。

見るにはよい史料である。

サン・ジョルジェ島では他の島に比べると人口に対して最大の比率で移住希望者があったことが理解できる。そして、グラシオーザ島、ピコ島、テルセイラ島、ファイアル島、サン・ミゲル島と続く。しかし、移住希望者が登録をして実際に乗船して出発したかどうかについて、現在まで史料が伝わっていない。

ブラジルでの受け入れ準備

一七二九年以降、ピコ島の住民一四三五人がブラジル南部への移住登録をしている。アソーレスはブラジルとリスボンを結ぶ船が多く寄航しており、その積荷の量や品目から、ブラジルの豊かさが人びとの間で想像されており、移住を希望する書簡なども国王宛に送られていた。

さらに、テルセイラ島やピコ島においては、財産もない多くの人で溢れており、島々の役所から国王宛に悲惨な状況を伝える書簡も送られた（AHU. Núcleo Açores. Maço nº 1, doc. s/ nº.）。乗船させることをやめさせる必要は何もなかった。このような状況にあってポルトガル王室の中にはアソーレスの人びとをブラジル南部に入植させせようという気持ちが強まっていった。

すでに述べたジョゼー・ダ・シルヴァ・パエスの役割も看過できない。一七三八年八月一一日の国王の認可状によってサンタ・カタリーナ島カピタニア長官に旅団長ジョゼー・ダ・シルヴァ・パエスが任命されたのだった。リスボン生まれのシルヴァ・パエスは王室海軍軍人として一七〇一年から活躍した。一七〇四年に結婚し、すべて軍人となった三人の息子と三人の娘が生まれた。要塞工学に優れており、一七三五年一月四日には歩兵旅団長となった。軍隊内では彼はすでに定評ある人物で、次々に重職がまわってきた。リオ・デ・ジャネイロ長官であり総司令官であるゴメス・フレイレ・デ・アンドラーデの助手としてリオ・デ・ジャネイロに行くように命令された。これを受け、彼はついに一七三五年一月六日、フリゲート艦ノッサ・セニョーラ・ダス・オンダスに乗り込み、同年一七三五年三月二日にブラジルに到着した。ゴメス・フレイレがミナス・ジェライス地方に行ったときなどはリオ・デ・ジャネイロでその代理を務めたが、ジョゼー・ダ・シルヴァ・パエスの最も重要な役割はリオ・デ・ジャネイロやサントスの街の防衛システムを前進させることであった。また彼はコロニア・ド・サクラメントに向けての派兵を指揮しているが、このコロニア・ド・サクラメントに向かう途中にサンタ・カタリーナ島に寄っている。一七三八年八月、シルヴァ・パエスはサンタ・カタリーナ島カピタニア長官となった。長官として要塞建設計画を進める傍ら、ブラジル南部沿岸を植民するようにポルトガル王室に働きかけた。ブラジルにおける目ざましい働きと、植民地化への熱心なとりくみは王室内にも知られるようになり、シルヴァ・パエスは最初のアソーレスからの移住者を受け入れる役目が課された。サンタ・カタリーナ島行政区長官として一七四八年二月二日まで勤め、二月八日にリオ・デ・ジャネイロに向かい、そこからリスボンへ帰還した。一七六〇年一一月一四日リスボンで死去し、ノッサ・セニョーラ修道院に葬られた（Piazza, Walter F. *O Brigadeiro José da Silva Paes, estruturador do Brasil Meridional.* Florianópolis, co-ed. Edit. UFSC, 1988, p 172.）。

リスボンからはジョゼー・ダ・シルヴァ・パエスに対してさまざまな命令が出された。一七四七年八月一七日付書簡によると、アソーレスからの船がリオ・デ・ジャネイロ経由でサンタ・カタリーナ島に到着するので、その後、居住地までの手配を任すことや各所で事の進展状況を随時報告するように指示したことが記されている（AHU. Núcleo Açores. Maço nº 2, doc. nº 14.）。そしてこの文書の縁には、裏面にアソーレスの国王代理人宛の覚書があると書かれており、輸送費用は王室がまかなうことが書かれている。一七四七年八月九日の国王の指令書には、アソーレスのみならずマデイラ諸島の人びとも同じように入植させることが表明されている（AHU. Núcleo Santa Catarina. Caixa nº 1, doc. nº 61, fls. 1 a 14.）。

軍階級者の決定

ブラジル移住の希望者の中で中隊レベルの軍階級者を決定することはアソーレスの役所に課せられた仕事であった。サン・ジョルジェ島では十個中隊が結成され、テルセイラ島アングラでは四個中隊、グラシオーザ島でも四個中隊であった。つまり出発前から男たちは軍人として乗船させられていたのである。サンタ・カタリーナ島カピタニア領の保全の目的のためにも、アソーレスの人びとが移住することが奨励されたのだった。

＊

希望者が集まっても、ブラジル渡航は一大事業であり、多くの準備が必要な大プロジェクトであった。まず当局は移送船団について工面しなければならなかった。これだけ大規模な植民となれば、一隻で一度に移送できるような事業ではなかったし、また人がほとんど住んでいないサンタ・カタリーナ島にはそこまで大勢の人びとを受け入れる条件さえもなかった。何度かに分けて定期便を組んで、船を長期的に運用する必要があった。海外史文書館にある文書がそのことを現在にまで伝えているが、登録人数については歴史研究者の間でも疑義が生じている。そこには男女、子どもの名前がそれぞれ移送した船ごとに書き残されている。一七四七年九月、アソーレスの司法官は国王に対して移住希望の登録者を報告しているが、夫婦一二八一組の家族六九三九人、そのうえ一〇三〇人が単身で希望した。

登録には詳細が求められた。国王によると「誰がサンタ・カタリーナに定住したのかが明確になるように夫婦の名前や健康状態、性格、体格、特技などを明記させ、申請者に適した仕事を与えられるように」配慮した。したがって、申請用紙には名前、年齢、出身地、住所、職業、顔の特徴、体格、肌、髪の毛、目の色、顔、鼻、口、髭の形、そして既婚、未婚などが記入されなければならなかった。このことはすでに述べたとおりであるが、これらは戸主に関して要求されたもので、妻、子ども、付き添いは名前、年齢、血縁関係、出身地だけを明記すればよかった。

登録者のほとんどは農業従事者であり、男は農業を、女は屋内作業を希望していた。一七五二年にテルセイラ島アングラ・ド・エロイズモから出発した六八組の夫婦のうち、男に関して五五人が農夫、石工四人、学生四人、漁師二人、大工一人、理髪師一人、仕立て屋一人であった。これに対して女は、紡績工四六人、織工六人、お針子二人、洗濯業一人であった。ブラジルで得ることのできる土地において、アソーレスでしてきたように農業で将来を確立しようと夢見た貧困に窮している人びとが初期においてはサンタ・カタリーナ島に移送されたことが、この史料の明細からも明らかになっている。一七五〇年の書簡には貴族に主要な軍事的仕事を授けたという既述があるところから、この時期からは本格的に貴族らも移住していることがわかる。しかし、アソーレスの貴族に限って言えばブラジルでの農業などに慣れてなく、不向きであるし、そもそもアソーレスで十分安定した生活ができたので登録簿には貴族の名前が出てこない。

*

着々と準備も整い、希望者はブラジルに渡っていった。私たちはつい、これで植民は安定した政策として定着したと思い込んでしまうが、実はそうではなかった。多くの人びとがブラジルに失望し、移住者が激減してしまったのだ。あれだけ人気があったブラジル渡航にどんなことがおきたのかを、ここで詳しく見ておこう。

人びとをブラジルに送り届けてアソーレスに帰還した船がもたらした情報は人びとを落胆させるものであったのだ。より良い未来を築こうと希望した人びとは徐々に減少していってしまった。なぜならば大西洋を南下する航海途中の危険と新天地での困難さは莫大なものであったからである。死者は続出し、疫病が蔓延したので、その後はブラジル行きの熱が冷めてしまった。一七五〇年以降は登録者がなくなった。一七五四年にはアソーレス司法官の書記官はグラシオーザ島の住民の間からブラジル移住希望者を募ったが、わずか五家族だけしか希望がなかった。一七五五年に出航した渡航船には実に一五一人分の船の空席があったし、テルセイラ島アングラ・ド・エロイズモの港にブラジルへ出発のために各地から集合しても、出発前夜に乗船をやめてしまう者が多かった。最初に渡航した船からの不幸な旅の知らせもあったし、サンタ・カタリーナは大西洋を遥か遠くに南下横断したところであり、再び戻ってくることは不可能であることによる精神的苦悩が出発時に人びとの心を動揺させていた。すでにアソーレスの人口は減り始めており、大西洋上の船の中での病気、死、またサンタ・カタリーナ島に到着してからの未開拓地での農業の困難さを思い、出港前に渡航をやめてしまう者が続出したのだ。その他、到着したときに与えられる特典などはその約束が果たされなかったことも植民の不人気に拍車をかけていた。

しかし、そのような状況にあっても国としてはブラジル植民の手をゆるめるわけにはいかなかった。ブラジル植民地の強化の重要性には変わりがなく、そのためにはさらに多くの移住者で現地の実質的支配権を強固なものにしなければならず、アソーレスの人口が減少し、過剰人口政策の必要がなくなったあとも、移民を募る政策は変わらなかったのである。そこで、国王はもっと特典を与えて、登録の基準をゆるめることにした。アソーレスからブラジルの定住地までの移送と食糧を提供すること。そして従来の移住者に対する年齢制限を廃し、高齢の人びとに対しても許可を出し、病人や障害がある人もブラジルに出発させるようになり、健康で働ける、多産な人びとを定住させるという初期の主旨を逸脱してしまった。その他、浮浪者を強制的に登録させたり、単身でも移民を許可していった。以下、その詳細を考察していこう。

輸送の規定

アソーレスとマデイラ諸島の人びとをブラジルに移送するための規定も定められた（AHU. Núcleo Açores. Maço nº 12, fls. 5–9.)。

「ブラジルへ向けてマデイラとアソーレスの島の夫婦移送についての規定。
一　船内での秩序を保つため、乗船する戸主の中から指令者（マンダンテ）に相応しい能力と気品のある者を任命すること。また、この指令者が航海途中に病気になったり、死亡した場合のためにその代理を選んでおくこと。
二　すべての人びとはこの指令者のもとにグループに分かれ、行動すること。
三　この指令者はほかのいかなる家族よりも前もって乗船し、後ほど乗船する人びとを最初から規律をもって見守ること。
四　艦長は、この最初の指令者に女性らが入る部屋を閉めるひとつの鍵を与える。もうひとつの鍵は艦長が保管する。
五　指令者は二四人の戸主を選び、それぞれの部屋の入り口を見張らせる。
六　指令者はそれぞれのグループから忠実な二人の男を選び、一人には女性らの持ち物を管理させ他のもう一人には男たちと七歳以上の子どもたちの持ち物を管理させること。
七　指令者は女性と子どもの部屋に食糧を運ぶ役目の忠実な既婚の二人の男を選ぶこと。鍵の保管者、持ち物保管者、食糧配膳係りの選ばれた者たちすべては、日常生活に必要なことなので、その任務を拒否することができないものとする。
八　指令者は毎日交互に任務につき、すべての乗船者を同等に従わせること。しかしそれは上述の任務遂行のためであり、選任した男たちをそれぞれ交替で休ませるためである。指令者は鍵を受けとり、交替した者に渡すこと。
九　女性の部屋には、病気、祈りを必要とする病人の場合以外、手当てをする者または艦長を除いて男性は入室できない。七歳以下の子どもは女性と部屋を共にする。
一〇　夫が妻に対して、男の子どもが母親に対して、さらに兄弟姉妹間で話すことを除いて、男性は女性に話してはいけない。話すときは艦長または指令者の許可を必要とし、その立会いのもとで部屋ののぞき窓を開けて話すこと。この立会いは女性に食事をもっていくときも同様である。
一一　艦長が病気などになった場合は、その日が当番でない指令者かその補欠が鍵を保管する。
一二　判事は、それぞれの女性部屋の中からもっとも適性のある有能な女性ふたりを選び、日々その当番の指令者が病気などになった場合は、補欠または別の指令者に鍵を渡すこと。
交互に部屋のすべてのことを命令させ、まとまりながら平静を保たせること。
一三　司祭はすべての聖人の日にはミサを挙げ、その日にだけは女性たちは部屋を出てミサに参加することができる。管理係りはそのために女性たちを通してやり、ドアを開け、またすぐ閉めること。女性たちは祭壇の一番近くの席につき、すぐそばに艦長、指令者、その補欠、管理係りと続き、その後に船員、下級船員、と続く。ミサが終わると管理係りが列をなして女性らを連れて部屋に行き、ドアを閉めること。

一四　船上において親類でない者が女性に許可なく話しかけたり、節度のないことをしたり、航海中に秩序を乱し他人に迷惑をかけたり、命令に従わず、またこの規則に反する者は、艦長、二人の指令者が審査し、禁固、食事減量、爆薬庫の中での禁固、手錠つき幽閉などのそれに見合う刑を科する。

罪があまりにも重い場合には被告人を手錠をしたまま下船する港まで連行し、正当と思われる手続きのために当地の長官に引き渡すこと。刑の加重もあり得る。

一五　司祭、艦長は聖職者やその他の別格の人びとに対して処遇を配慮すること。判事は乗船者が心地よくあるために努力し、衛生面にも気を配ること。

一六　指令者はこの規則を出発まえの夕方に、またすべてのミサが終わった祭日にその義務を思い出すように皆に大きな声で読み上げること。

国王陛下の命によって。

海外領委員会アレシャンドレ・メテロ・デ・ソウザ・メネザス、トメー・ゴメス・モレイラ。聖職者テオドジオ・デ・コベロス。一七四七年八月五日、リスボン」

この規則は移送船の中での生活が快適であるように練り上げ、考えられた。男性と女性の明らかな処遇の差異があり、女性に対して男性が迷惑をかけることがないようにということで、これは当時のモラルからきているようである。しかし文面だけから見れば現在に生きるわれわれの感覚から判断すれば女性は閉じ込められている感が否めないのではなかろうか。管理係りの役目もしっかり決められているが、これだけの規則を定めたことに驚くと同時に、大西洋大航海の移住が本当にうまくいくようにとの王室の関心が見て取れる。

移送のための提案

徹底的な管理の下、住民をブラジルまで移送するというこの壮大な国家事業は、移送についての規則や登録人数など、細かい管理業務から船の手配まで実に多岐に及び、このような巨大事業は莫大な経済力を背景にはじめて可能となったものであることが理解できる。このような国が本腰を入れた事業だからこそ、輸送船を提供する人びとが出始め、リスボンの宮廷には船主たちが集まったのである。

フェリシアーノ・ヴェーリョ・オルデンベルグはブラジルのタバコ産業関係の船の契約者（船主）であり、一七四四年六月二〇日の国王の決定によって毎年アソーレス諸島からブラジルに一隻の船を送る特権を得たが、一七四七年になるとアソーレス諸島の夫婦をブラジルまで運ぶという義務を負い一〇〇トンの船を三隻送るように命ぜられている。このような商人が当時は数多くいたのである（Biblioteca Pública e Arquivo Distrital de Angra do Heroísmo. Ilha Terceira. L.º 6º de Registro de Provisões da Câmara de Angra, 1731–1747, fls. 149v.）。

サン・ミゲル島に住みついた商人ジョアン・ジョセフ・シャンベルリンは、結局許可されるには至らなかったが一七条からなる提案（AHU. Núcleo Açores. Caixa nº 3, doc. nº 33, fls. 1–4.）によって、移送はせまい船内に過剰な人数を無理に詰め込むものではなく、人数に従って二、三隻の船でなされなければならないし、商品等品物を運ぶのではなく移住者、必要な食糧、水も積載しなければならないので、それにふさわしい新しくて使い勝手のよい船が望ましいという提案をした。その場合の船の検査はリスボンまたはアングラでなされなければならないとした。このような提案も、王室以外の者からもなされるようになった。

アソーレスからブラジルまでの船旅は長いものであった。より安全、確実な航路を確立するために細部にわたる提案がなされたのだが、それは同時に当時の航海の様子を間接的に伝えてくれる史料として興味深い。それではどのような提案がなされたのか、内容を少し見てみよう。

アソーレスの司法官の決定に従い、テルセイラ島とファイアル島の夫婦を乗せる船の航路も決められ、船が港に到着するとそのときから二〇日後にはサンタ・カタリーナ島に向かって出航するが、例外の場合は出発までさらに二〇日間延ばすことがある、とした。

シャンベルリンがアソーレスの移住希望者の移送について提案したことによると、ベッド、収納箱の他、もしよければ飲み物、種子、植物を持っていくように勧めたが、それには司令官もしくは艦長の許可を必要とする。食事に関してはアソーレスの人びとが習慣として食べるものをブラジルまで持っていくことになり、少なくとも三カ月かかる航海の途中、船の料理人が食事を担当し、配給責任者が指示すること。シャンベルリンは無事にサンタ・カタリーナ島に到着した者から、それぞれの費用を要求するものとした。

船がアソーレスを出発する前には、給水の問題をアソーレスで解決しておくこと。ブラジルまでの航海途中に人びとが服用する薬品なども一緒に持って行き、また聖職者、外科医も同行し、それぞれの船にはミサのための聖具一式、病人のための聖油も準備されること。

さらにシャンベルリンはサンタ・カタリーナ島に船が到着し、人びとが下船した後、リオ・デ・ジャネイロ、バイーア、ペルナンブーコなどの町に寄航して国王の命令による荷物を載せて、リスボンに戻るときには船団を組むべきであるとした。

アソーレスからサンタ・カタリーナ島に向かうときは、嵐に遭遇したとき、食糧、水の不足、もしくは他の緊急時以外はブラジルの港に寄るべきでないし、その後、残った食糧などをブラジルで売りさばいて商売をする場合は王室に税が入るべき税関のあるところでその商売をすることだけが許されるとした。しかしこの提案は王室には認められなかった。

許可されなかったもうひとつの一七条からなる提案がマテウス・ジョアン・デ・ベッテンクールとヴァスコンセーロス・コレア・イ・アヴィラによってアングラで一七四八年一二月一二日になされた（AHU. Núcleo Açores. Caixa nº 3, doc. nº 33, fls. 5–8.）。乗船の条件はシャンベルリンと同じだが、年令によって支払い額が異なる。食事つきで七歳以上は六〇レイス、七歳から三歳まではその半分で、三歳以下は無料で移送されるとある。この提案にはさらにリスボンからの人びとも乗せてアソーレス経由をすることを述べている。また食事の内容も、肉、タラ、野菜、そして水と特記されている。

コレア・イ・アヴィラの提案では女性と三歳以下の子どもの食事は成人男性のものと別でなければ

ならないので、別の料理人が調理することになり、またアソーレスからサンタ・カタリーナ島までの輸送費は、七歳以上はそれぞれ三万レイス、七歳から三歳まではその半分、三歳以下は無料としているが、無事にサンタ・カタリーナ島に到着した者だけが払うことにしている。病人が出たときの食事や薬品、外科医、聖職者も準備するとしており、他の点ではシャンベルリンと相違する点はない。

　このように、さまざまな船主からの契約の申出があったが、結局、王室はフェリシアーノ・ヴェーリョ・オルデンベルグと契約を結ぶことに決定したのだった。

第六章　移　送

　さて、さまざまな難関を突破して、やっと移住希望とされるアソーレス人の移送の開始になりました。しかし、これは一回で終わるような簡単な計画ではありません。船によって契約もそれぞれ異なり、また航海途中の苦難の生活も待ち受けています。

　航海中の生活に関しての詳しい史料は現存しません。しかし、それは移送後のアソース人や乗船したイエズス会宣教師などの記録に見られたり、文学作品が取り扱っていたりするので、間接的ながらも実際の航海の様子を窺い知ることができます。それらはいずれも非常に興味深い事項です。

　予定どおりに事は進んだのでしょうか。船上では、この移住はやめておいたほうがよかったという後悔の念を表する作品もあります。この章では移住者の実感や本音をさまざまな史料をもとにさぐってみましょう。
そこには王室の意図や国家の大義名分とは別に、生身の人間の肉声が窺え、移住にまつわる苦労など、あらゆることが確認されていきます。

(一) フェリシアーノ・ヴェーリョ・オルデンベルグによる第一回目の移送

前述のとおり、リスボンの王室は移住希望のアソーレス夫婦を募集し、規則も作成した後、移送に関してはフェリシアーノ・ヴェーリョ・オルデンベルグと契約を結ぶことになった。契約は「この宮廷に属する(アソーレスの)島々の夫婦をブラジルに移送する条件」として印刷されるに至った(Tip. de Pedro Ferreira, 1747.)。王室とフェリシアーノ・ヴェーリョ・オルデンベルグとの間の契約は二四条からなり、海外領委員会の五人の担当者の立会いの下で一七四七年八月七日に署名された(AHU. Núcleo Açores. Maço nº 2, doc. nº 78.)。

第一条として、「移送船は保存用乾燥食料品や酒、食用油などの売買目的の商品を積載してはならない。人びとを移送し、海外領委員会が命じる人びとや乗組員に必要な食糧と水、日用家具、底荷、武器、工具類以外の商業目的の物品の持込みについては、艦長も同意しない」旨がはっきりと謳われた。商業目的の船ではないことを強く示唆している。

第二条では、船の安全についての心配が記されている。「この種の移送目的の船は新しい船であるか、もしくは大いに使い勝手がよく、安全な船でなくてはならないので、委員会に対して造船者の証明書を提出すべきこと」と明記されている。

第三条において、船の中の夫婦の部屋について述べている。「船が承認されたら、船主は直ちに寝室、次の部屋、そして最後尾には閉ざされた女性部屋を準備すること。女性部屋は二つの別々の鍵で閉められ、他の人びととの接触が遮断され、小窓にも種々の鍵をつけること。部屋の位置は最後部の右舷、左舷の両側にあること。リスボン出港前には海外領委員会の査察が命じられ、部屋のしかるべき状態を見て、人びとを移送できるかどうか確認する」。

第四条において、航路とアソーレスの港に停泊する期間を記している。「マデイラ島とリスボン間、またアソーレスの諸港間、その後のサンタ・カタリーナ島までの航路については当地の長官が決定する。夫婦を乗せるべき港に船が入港してから二〇日以内に大型移送船の小船を使用して夫婦を乗せるが、二〇日後には他のアソーレスのふたつの港に寄港し、それぞれ二〇日間停泊して人びとを乗せ、その後ブラジルへ向かう。但し、その期間内に乗船できなければ長官、その長官が不在の場合は判事が艦長に数日待つように要請し、海外領委員会は遅延金としてそれぞれの船に二万レイスを払う」。

第五条は食事についての規定がある。「港に停泊する日数が所定の日数を超えているときにも人びとは乗船しているので、長官または艦長は三歳以下の子ども以外の乗船した人びとの年齢の証明書を作成し、乗船した日から停泊中の間、新鮮な肉または魚とパンと水を日ごとに与えること。そのために海外領委員会は船主に対して七歳以上の人びとには八〇レイスを食費として払い、七歳以下の人びとにはその半分、三歳以下にはなしとする」。

第六条は出発と遅延の原因について記している。「人びとが乗船したあとに直ちに出発せずに数日間出発が遅延した場合には、悪天候の場合を除いて、前条の遅延補償をしない。悪天候により出発が遅延した場合は、前条の補償を払う」。

第七条においてはリスボンからサンタ・カタリーナに向かう人びととの移送費と船主への支払い方法についてである。「リスボンから乗船してサンタ・カタリーナに向かう人びとで七歳以上の人びとの支払いはマデイラ、アソーレス諸島までは以下の九条に従い、その島からサンタ・カタリーナへは以下の一一条の条件に従うが、七歳から三歳までは半分、三歳以下はなしとする。リスボンから乗船した人びとにも前条五条の規定を適用する」。

第八条は、「一四歳以上の乗船者はベッド、収納箱、ジュース、種、植物などの持っていきたいものを部屋に持ち込める。しかしさらに他のものに関しては司令官または艦長が運搬の合理的値段を決定する」という内容である。

次に第九条を見てみよう。「航海中の食事は、エンドウ、ソラマメなどの豆類など、日々さまざまなものとする。四〇人につき一アルケイレ（約一三・八リットル容器）の量とする。日曜日、火曜日、木曜日の夜食は、それぞれ四分の三の肉、詳しくは半アラテル（一アラテルは四五九グラム）の牛肉、そして豚の脂身と一緒に添える野菜を煮る。夜食にはオリーブ油と酢を用意して野菜に味付けをして牛肉にあわせる。月曜日と金曜日の夜食は、それぞれ半アラテルの米。水曜日と土曜日の夜食にはそれぞれ半アラテルのタラ。野菜とタラと米の味付けとして、それぞれに対してコショウ、ニンニク、玉ねぎ、オリーブ油、必要に応じて酢。各人には一日につき新しいビスケット一アラテルと水四カナーダ（一カナーダは約〇・六リットル）を与える。その水は調理用以外の飲用分の水とする。既述の食事の件は七歳以上の人に関してのことであり、七歳以下三歳以上は半分、三歳以下はなし。水はすべての人びとに同量が与えられる。食事はアソーレス諸島を出発してからサンタ・カタリーナ島に到着するまでのおよそ三カ月、乗組員を含めて提供される。もしも食事が少ないという申し立てを受けた場合は、できる限り合理的範囲内で増やすことにするが、そのことで船主の負担に変更は発生しない」。

続く第一〇条は食事の準備についてである。「乗船した人びとの食事は船または、それ以外の調理人が準備する。規則に定められた人びとによってまず味見がされ、その命令にしたがって調理人が配膳をする。女性と七歳までの子どもの食事は男とは別になされる」。

第一一条はアソーレス、マデイラ諸島からサンタ・カタリーナ島への移送の費用の件である。「アソーレス、マデイラ諸島からサンタ・カタリーナ島までの移送値段は、七歳以上の人は四万レイス。七歳以下三歳までは半額。それ以下は無料。人びとが無事にサンタ・カタリーナ島に到着した後、当地の長官が司令官または艦長に証明書を書き、人びとが支払うべきものを明らかにする」。

第一二条は病人食についてである。「乗組員も含め、乗船者の数に応じて、病人食を備える。五〇人につき、以下の準備をする。鶏三〇羽、スモモ菓子一アロバ（一アロバは約一五キロ）、ヒラマメ、錠剤それぞれ二アルケイレ。砂糖二アロバ、相当量の小麦粉、厳選された新しいビスケット三樽」。

第一三条は出航前の点検義務について定めている。「船がブラジルへ出航前に島々の港の運営者、もしくは判事は出港前に食糧、水、乗船人数に応じた病人食などが前述の九条、一二条のように準備されているかどうか厳格に確認すること。不足があれば艦長、もしくは司令官が給水を含む調達を規定に従って完成すること」。

第一四条ではサンタ・カタリーナ島長官の移送についての任務について言及している。「サンタ・カタリーナ島に船が到着すると、当地の長官またはその委任する者は乗船者から秘密裏に六人を選び、誓約させ、船上では契約、規則どおりに事が運んだかどうかの情報を得ること。もし、違反があればその証言者が誰であるかを公表せずに船長もしくは艦長に釈明を求め、封書を書かせる。それによって海外領委員会は支払額を割り引くかどうか決める」。

第一五条には船上の医療について定めがある。「船には王室薬剤師がよく準備した薬局を備え、艦隊の外科医が証明する有能な外科医も乗船する」。

第一六条は宗教儀式についてである。「それぞれの船には司祭が同船し、国王陛下の命のもとに航海の安全を祈るであろう。ミサ、病人のための聖油も準備される」。

第一七条は操船について。「安全だけでなく、航海を迅速に行うために重要なことであるが、主任天地学者が証明する有能で経験のある水先案内人を同乗させる」。

第一八条は司令官もしくは艦長による規則の遂行について。「司令官もしくは艦長はすべての規則を遵守するように努め、国王陛下が命じるこの移送のために何ひとつ不足することなく遂行すること」。

第一九条は船の帰還とあらたな移送について。「移送した人びとをサンタ・カタリーナ島で下船させたあと、司令官または艦長はマデイラ、アソーレス諸島に戻り、さらに移住希望の夫婦を乗せることができる。その場合、ブラジルの諸港に寄航して国王陛下によって許可された積荷をもってそこから戻ることができる。島々からまた移送する人員は海外領委員会がはじめに定めた同じ人数とする。食糧その他の事項に関してもこの契約に示されるものと同じで、人びとが乗船し始めてから二〇日で港から出発すること」。

第二〇条では船のリスボン帰還についても記述している。「サンタ・カタリーナ島からもしも司令官もしくは船長が、その船でもってリスボンに戻りたければ、サンタ・カタリーナ島または他のブラジルの港に寄航し、許可された積荷をもってくることができる。リスボンに戻るときは必ず船団を組んでいなければならない」。

第二一条は寄航についての規定である。「サンタ・カタリーナ島へ向かう途中において、嵐、食糧や水不足、その他の緊急事態によって船がブラジルの港に寄航しなければならない場合に限り、長官その他の官憲の命令によって適切な処置を講じて、司令官または艦長は費用を払い、また直ちに出航して航路に戻ること」。

第二二条では余った食糧についてどのような商品についても王室の権利擁護が表明されている。「もしも司令官または艦長が余った食糧をブラジルで売りたいのであれば、税関があり、その権利を行使できる港でなければいけない」。

続く第二三条では船主に対しての移送費の前払いについての記述がある。

第二四条では夫婦による契約の認識について述べられている。

この契約は一七四七年八月七日に草稿され、海外領員会の担当者らと船主フェリシアーノ・ヴェーリョ・オルデンベルグによって署名された。その後、印刷され、移住を実行するにあたって関連するさまざまな部署に送付された。そしてその契約書に基づいた国王勅書も発布された。

このように、二四項目に及ぶしっかりとした契約がなされたことは、国家が絡む重大な事業であることを物語っているが、さてこの規定をお読みになって読者はどうお考えだろう。ずいぶんと長く細々とした内容の条文を引用したのは、実はこの細部に亘る航海者への配慮をご覧いただきたかったからである。ブラジル植民は、大胆で未整備な部分は確かにあったものの、ポルトガル王室にとっては大切なプロジェクトであったことが分かるだろう。航海の安全と公正、航海者の管理を意図したこの条文には、アソーレスの人びとのブラジル入植を安定させ、できうる限り成功させたいというポルトガルの国家意思がこめられており、決して無責任な「棄民」というだけでなかったのである。しかし、この理念ははたして本当に実現されたのだろうか。私たちはこのあとの実際の航海の様子をできうる限り詳細に見て、当時、大西洋を渡りブラジルに向かう航海がどんなものであったのかを確認していこう。人道的な条文の約束が画餅でなかったかどうかを明らかにしたい。

＊

一七四八年一月にアソーレスの夫婦を乗せたフェリシアーノ・ヴェーリョ・オルデンベルグの最初の船がサンタ・カタリーナに到着したときはジョゼー・ダ・シルヴァ・パエス長官が出迎えた。同年二月二八日付けのポルトガル国王宛書簡において上陸した人びとの健康状態や死者、旅の最中の困難さについて嘆いた。そして到着後も「幾人かのアソーレスからの夫婦は、熱帯気候、海でとれた食料の塩辛さなどによって病気になり、手当てをする者さえいない」（AHU. Núcleo Santa Catarina. Caixa nº 1, doc. nº 40, fls. 1–11.）と報告している。

	夫婦	子どもと付き添い	幼年と病人	航海中の死者	上陸後の死者
1隻目	51	152	25	36	77
2隻目	47	102	19	73	0
合計	98	254	44	109	77

マヌエル・エスクデイロ・フェレイラ・デ・ソウザ長官の手紙に添付された二隻の船の人びとの内訳についての表（AHU. Núcleo Santa Catarina. Caixa n°1, doc. n°48. anexo.）。

この書簡に対する返答が届くまで一年以上かかり、届いたときにはジョゼー・ダ・シルヴァ・パエスは帰任しておりサンタ・カタリーナ島にはいなかった。前年のアソーレスの夫婦を運んだガレー船で死者が出たことを遺憾に思うリスボンの海外領委員会からの書簡を受け取ったのは新しいサンタ・カタリーナ島長官マヌエル・エスクデイロ・フェレイラ・デ・ソウザであった。彼も一七四八年二月一八日付で壊血病の発生に伴う死者について心配しながらも国王宛てに書簡を送り、航海途中の人びとの処遇の改善を求めている。

「昨年一七四七年一〇月にアソーレスのテルセイラ島を出発した夫婦を乗せた二隻のガレー船が、今年一七四八年にここサンタ・カタリーナ島に到着しました。しかしとても成功と言える船旅ではなく、航海中に一〇九人が死亡し、ほとんど皆が病気の状態で上陸し、壊血病で死亡したものが出ました。両親を亡くした子どもや夫を亡くした女性については本当に嘆かわしく思いますし、病人を手当てする者がいないのです。（中略）三歳以下の子どもの食事については、乳離れした子どもは食欲も旺盛なので、食事の規定に変更を加えることが必要でしょう（中略）」（AHU. Núcleo Santa Catarina. Caixa n° 1, doc. n° 48.)。

（二）フランシスコ・デ・ソウザ・ファグンデスによる第二回目の移送

第一回目の移送が進んでいる間に、すでに新たな移送についての計画が進んでいた。海外領委員会は国王に対して計画を上奏し、一七四八年八月五日に国王より承認を得ている。第一回目の移送に関して、ポルトガル王室は多くの人びとの登録や船主との契約など、広範な事項を取り扱わなかったため、契約遂行は杜撰であった。アソーレスでは多くの人びとが島を脱出したがるという社会現象が起こり、したがって第二回目の移送を迅速に処理して行い、また第一回目の移送で指摘された改善すべきところは改善しようとする意図が垣間見られる。改善策以外でも第二回目以降の移送計画で目を引く点は、四〇〇〇人のアソーレスの人びとを一七五一年七月までに大規模移送することであった。

この大計画を担当する船の船主はリスボン在住のフランシスコ・デ・ソウザ・ファグンデスあった。彼は商人であり、アソーレスのサン・ミゲル島、ファイアル島、サン・ジョルジェ島の税関と契約を結んでおり、食糧危機のときにはアメリカのフィラデルフィアからアソーレス諸島まで小麦を運んだことがある。また、このときの航海規定は第一回目とほとんど同じであるので、ここで繰り返すことは必要ないと思うが、航路に関して言及すればリスボンを出航後、アソーレス諸島のみならずマデイラ島にも寄航してマデイラ島の人びとも移送することが第二回目の規定に書かれている。船の安全性についての検査も入念に実施された。

リオ・デ・ジャネイロ長官ゴメス・フレイレ・デ・アンドラーデに宛てた海外領委員会の一七四九

年九月四日付書簡（AHU. Núcleo Rio de Janeiro. Caixa nº 1, Doc. nº 58.）には、船主は三隻の船を準備していると明記している。それらはボン・ジェズス・ドス・ペルドンイス・イ・ノッサ・セニョーラ・ド・ロザリオ号で、六〇〇人が乗船。ノッサ・セニョーラ・ダ・コンセイサン・イ・ポルト・セグロ号は四八〇人が乗船。三隻目のサンタナ・イ・オ・セニョール・ド・ボン・フィン号は二〇二人が乗船可能とある。

フランシスコ・デ・ソウザ・ファグンデスが移送する以前の船名についての記録や詳しい人名の記録がないが、上述の三隻目はすでにアソーレスの人びとをブラジルに向けて運んだことがあると記してある。そして三人の有能な航海長はマヌエル・コレア・デ・フラガ、マヌエル・ドス・レイス・バストス、ジョゼー・ロペス・シルヴァ。一七四九年付の証明書（AHU. Núcleo Rio de Janeiro. Caixa nº 30, docs. nº 14.883, 14.834, 14.835.）には王室艦隊主任外科医による乗船医師の能力評価がなされている。サンタナ・イ・オ・セニョール・ド・ボン・フィン号のマヌエル・マルケス・サンパイオ医師、ボン・ジェズス・ドス・ペルドンイス・イ・ノッサ・セニョーラ・ド・ロザリオ号のアレシャンドレ・ロイス・フラゴゾ医師、ノッサ・セニョーラ・ダ・コンセイサン・イ・ポルト・セグロ号のジョセフ・モンテイロ医師についての評価がなされている。さらに一七四九年九月三日付の証明書（AHU. Núcleo Rio de Janeiro. Caixa nº 30, docs. nº 14. 8836.）には王室薬剤師マヌエル・エステヴェス・ダ・シルヴァが移送船に積み込む薬のリストを確認して、十分であるとの確認がなされている。さらにその文書には聖職者のことが添えられている。ヴィセンテ・デ・サント・アントニオ神父はマヌエル・コレア・フラガが司令官のボン・ジェズス・ドス・ペルドンイス・イ・ノッサ・セニョーラ・ド・ロザリオ号に乗船。ジョアキン・フェレイラ・デ・アンドラーデ神父はフランシスコ・マヌエル・デ・リマが司令官を務めるサンタナ・イ・オ・セニョール・ド・ボン・フィン号に乗船。イナシオ・メンデス・ローザ神父はジョゼー・ロペス・ダ・シルヴァが司令官のノッサ・セニョーラ・ダ・コンセイサン・イ・ポルト・セグロ号に乗船とあり、この文書からそれぞれの船の船長名が判明する。いずれにしても、サンタ・カタリーナ島到着後に、船上での人びとの生活について、契約のとおりに事が進められたかどうかを調べる意向にあったことに変わりはなかった（AHU. Núcleo Santa Catarina. Caixa nº 1, doc. nº 58.）。

サンタ・カタリーナ長官マヌエル・エスクデイロ・フェレイラ・デ・ソウザの一七五〇年二月二〇日付けリスボンの国王宛書簡（AHU. Núcleo Rio de Janeiro. Caixa nº 30. Doc. nº 16. 647.）は、どのようにしてアソーレスからの人びとがサンタ・カタリーナ島に到着したのか、その詳細が決定的に明らかになるものである。

その書簡によると、一七四九年一二月二〇日から一九五〇年一月一九日までに、アソーレスからの夫婦を乗せた四隻の船がサンタ・カタリーナ島に入港した。その内一隻は以前のフェリシアーノ・ヴェーリョ・オルデンベルグとの契約によるもので、残る三隻は新たなるフランシスコ・デ・ソウザ・ファグンデスとの契約によるものであった。フェリシアーノ・ヴェーリョ・オルデンベルグの船では食糧も不足せず、皆が健康な状態で上陸した。しかし、最後に到着した船で移送された人びとは皆が病気になっており、航海中には二九人が死亡。上陸後にもすでに一〇人が死亡している。病院では看病するための人手不足の状態の中、一三六人が手当てを受け、鶏肉など与えられたので、奇跡的にも大勢が治癒したが、それでもまだ八十数人が病に臥している。到着した船の乗船者数は三一一組の夫婦、総勢一七四六人であり、受け入れ準備も困難であり、小麦などの食糧を確保するためにリオ・デ・ジャネイロなどの近隣の街に長官が出向かなければならない始末であった。移住夫婦らはできる限りの方法で生活を送っている。というのも将校、技師もいなく、司令官はいつも病気状態であったので、リストを作成することさえもできずに、その夫婦らを取り仕切ることができる者がいない。そのため移住者は上陸後も各自の判断によって自力で新しい生活を始めるしかなかった。一部の夫婦については南に五レグア（一レグアはおよそ五〇〇〇メートル）行ったところに快適に暮らせる場所を与えた。このサンタ・カタリーナ島にはアソーレス諸島から多くの貴族がやってきたが、彼らは働くことを知らず、貴族といえども貧しい状態であるので、奴隷を購入したり、畑を耕す労働者に払う金もない。この土地では斧や鍬などを手に持って農作物を作り出すことのできる人びとだけが生きていける。したがって貴族らはこの土地で自分自身を失い、彷徨っている。一七四八年にもたらされた一一六丁の武器以外には、夫婦に対して支給されるべき武器が運ばれてきていないので、食糧のある小屋を襲うトラなど肉食獣の恐怖に皆が曝されている。その脅威から逃れるために、日中に働かなければならないうえにさらに一晩中火を焚いて起きて夜警をしなければならなかった。そのため、夜も十分休むことができない。壊血病などの病におかされて上陸したものは六八六名にのぼり、乗組員五〇人も病気であった。病因の最たるものは船に大勢の人びとを乗せ過ぎであるということで、上陸後も管理できないほどである。しかるべき定住を図るためには一〇〇組以上の夫婦が一度に来ないほうがよい。上陸後にしかるべき場所に移送するにしても輸送方法がないと書簡には記されている。最後にスペインの船がリマに向かう途中、このサンタ・カタリーナの港に一月一〇日に入港し、厳格な検査のもとで水、薪、新鮮な食料の補給を行ったことを報告している。

厳しく長い航海を終え、上陸してからも、入植者たちを待っていた現実はやはり厳しいものであったようだ。この書簡からは航海と入植後の移住者たちの困難が伝わってくる。さて、それではこのような問題に対してポルトガルはどのような対応をしたのだろうか。

サンタ・カタリーナ長官マヌエル・エスクデイロ・フェレイラ・デ・ソウザからの書簡について、リスボンの海外領委員会ではどのような措置を講じたかと言えば、以下の点を同長官が伝えてきたと要約されただけであった。

（1）フェリシアーノ・ヴェーリョ・オルデンベルグの最後の船の到着。

（2）アソーレスからサンタ・カタリーナ島への四〇〇〇人のアソーレスの人びとの移送にかかわるフランシスコ・デ・ソウザ・ファグンデスの移送船の第一陣の到着。

海外領委員会は有効な改善策を打ち出すこともなく、届けられた報告を意図的に看過してしまっただけだった。委員会は移住、入植の推進にこだわるあまり、入植者たちの苦難を真剣に解決しようと積極性をもっていなかったと言ってもいい。前述したとおり、ブラジル入植へのきめ細かい配慮をもって航海の安全を図った政策も、委員会の冷淡な姿勢がその実効性を半減させていたのである。

一七五一年二月二七日付サンタ・カタリーナ長官マヌエル・エスクデイロ・フェレイラ・デ・ソウザのポルトガル国王宛の書簡（AHU. Núcleo Santa Catarina. Caixa nº 1, doc. nº 62.）には、またもや新たな船の入港を伝えている。「一七五〇年一二月一八日、五二組の夫婦、総勢二五四人を乗せた船が到着し、ほとんどすべての人びとが上陸した。本年一七五一年一月初旬、同様に幸福感のない船が到着した。それは一〇二組の夫婦、総勢五五四人が乗船したが、幾人かが航海中に死亡し、壊血病で上陸した七〇人の内一三人が死亡。今月二月一二日、三隻目と最後の四隻目の船が到着した。一二五組の夫婦、総勢六七九人の内、航海中に死亡した者が一三人、病気の状態で上陸した者が一五七人、その内一〇人が死亡した。これらすべての上陸した者の中にはかなりの高齢の男女が含まれており、働くことができず、王室国庫の支出によって養われることになるであろう」とソウザ長官は記している。「病気の状態で上陸して来た者は速やかに病院に行かせ、健康な者は落ち着くべきところを探して提供している。しかし、森林に入り、区画整備するには地理学者や技術者が不足している。ラグーナ村には四〇組の夫婦、総勢二一四人をスマッカ（帆船）で送った。集落に落ち着く者もいれば、生きて上陸したものの捨てられた女、孤児、老衰して寝たきりの者もいる。慈善院もなく、施しをする者もいないので、国王陛下が施しをされんことを願っている」。さらに、人びとは小麦や麻の栽培に精を出していると書き続け、前年一七五〇年一二月八日、ラゴーア集落に教会が設立されたこと、また野獣から身を守るためのライフル銃などの武器の不足を訴え、食糧運搬のためのヨット型の船を一隻欲しいと綴っている。

これに対して、リスボン海外領委員会は、王室国庫からの慈悲的施しも承認すべきであるが、サンタ・カタリーナの農業展開と集落形成のほうが大切であるとして、小麦、麻を栽培し、肥沃な土地を利用するように強調している。ブラジル南部の土地に夫婦を定住させることに関して、ポルトガル王室はあまりにも固執していた。

一七五一年四月二四日サンタ・カタリーナ長官マヌエル・エスクデイロ・フェレイラ・デ・ソウザのポルトガル国王宛の書簡（AHU. Núcleo Santa Catarina. Caixa nº 1, doc. nº 62.）には、マガリャンイス、グルパバなどの集落をつくることができたと報じている。さまざまな困難があったにせよ、ついに移住者たちはなんとか自分たちの集落をつくりだすことに成功したのである。

（三）フランシスコ・デ・ソウザ・ファグンデスによる第三回目の移送

フランシスコ・デ・ソウザ・ファグンデスによる第三回目の移送については、ほとんど史料が残っていない。一七五五年一〇月二二日、国王の命令が下され、一〇〇〇人のアソーレス諸島の人びとをサンタ・カタリーナ島に移送することが実行に移された。一七五五年にリスボンの大地震もあり、本当にアソーレスの人びとが移送されたのかどうか、リスボンの人びとは出発したのか疑問は残るが当該史料が現存しないがために何も明らかになっていない。

しかし、海外領委員会にあてられた退任したサンタ・カタリーナ島前長官マヌエル・エスクデイロについての書簡ならびにサンタ・カタリーナ島の情勢に関する国王への一七五四年一一月二二日付意見書は、ここで特筆に価しよう。これはサンタ・カタリーナ島の新長官ジョゼー・デ・メーロ・マヌエルが一七五三年九月三〇日付書簡にて、海外領委員会を通じて国王に伝えたいところがあり書いたものである。つまりサンタ・カタリーナ島前長官マヌエル・エスクデイロ・フェレイラ・デ・ソウザは、アソーレス諸島からの移住希望の夫婦が到着して以後、サンタ・カタリーナ島にただノッサ・セニョーラ・ダ・コンセイサン教区だけを設けたという。しかも、そこは本部教会のあるラゴア地区から三レグアの距離にあるので、人びとの集落からはあまりにも遠すぎて、通うのが困難なためにミサに参加したり、カトリック信者の義務を果たすことができない。多くの人びとがその周辺に散在して生活しており、道路も整備されておらず、行き来などの交流をするためには川を渡らなければならず危険である。今は長く続く海岸地区に教会を設立することになり、建設中である。移住した人びとは砂糖キビ、米、マンジオカ、麻、綿、布、小麦の栽培や捕鯨を行っている。土地の征服のための兵士が不足しているのでマデイラ島から補充してほしい、などと当時の状況をよく伝える報告をしている。

(四) フランシスコ・デ・ソウザ・ファグンデスによる第四回目の移送

さて、最後の移送になる第四回目の航海は、マデイラ島当局からの強い要請に応じて実行されたものである。マデイラ島からのサンタ・カタリーナ島への移住については、史料によるとその発端は一七四七年三月一六日の国王の勅書（AHU. Núcleo Madeira. Caixa nº 1, doc. nº 10.）にまで遡ることになる。マデイラ長官に宛てて、予の支配するアメリカの土地に自発的に定住したい者がいれば便宜を施すという国王書簡が発端であった。またマデイラ島民エンリッケ・セザール・デ・ベテンクール・ベレンゲールはブラジル行きを熱望し、海外領委員会宛てに嘆願書を書いた（AHU. Núcleo Madeira. s. nº (1748), fls. 15–18.）。当時のフンシャル司教区の人口は五万人とする史料がある（Eugênio Francisco dos Santos. *A sociedade insular madeirense na época moderna*. mss. inédito.）。それでも六〇人だけが登録し、一七四九年四月八日コルベット軍艦ノッサ・セニョーラ・ダス・マラヴィーリャス―サント・アントニオ・イ・アルマス号がマデイラ島フンシャルを出港し、無事にブラジルのサンタ・カタリーナ島に到着している（AHU. Núcleo Santa Catarina. Caixa nº 1, doc. nº 39, fls. 34 e 35.）。

その頃、すべての財産を売却して登録し、船に乗り込むことを考えていたにもかかわらず四年経ってもまだ移住が実現していないなどとマデイラ島から国王に直接嘆願する者が出るという奇妙な現象が起きた。ブラジルへの植民に積極的だった当時の王室にとっては、これは行政的失敗というほかはない。別の史料によると（AHU. Núcleo Madeira（inventário de Edurado de Castro e Almeida）, doc. nº 48 e 49.）、当時のマデイラ島の人口は〇歳から七歳までを除かれて五一三四三人であり、その内五〇〇人とサンタ・カタリーナ島の軍備補強のための有能な三〇〇人の軍人を移送することが決定した。

フランシスコ・デ・ソウザ・ファグンデスは、その移送を以前のように引き受けずに、リスボンの商人であるアントーニオ・ドス・サントス・ピントを代理人として一七五五年一〇月一五日、ジョゼー・ロドリゲス・リズボアに委任した。以後、書簡には移送受託者のジョゼー・ロドリゲス・リズボアの名前が登場する。彼はすでにアソーレス諸島からサンタ・カタリーナ島に人びとを移送したことのある航海長クストディオ・フランシスコを船の責任者としてノッサ・セニョーラ・ダ・コンセイサン・イ・ポルト・セグロ号を準備した。海外領委員会は再三にわたり一七五六年一月一二日までに出港できるように移住希望の五〇〇人を集めるように求めていたが、それも遅延した。

マデイラ島長官マヌエル・デ・サルダーニャ・デ・アルブケルケが国務大臣に宛てた書簡（AHU. Núcleo Madeira, Ciaxa nº 1, doc. nº 73, fls. 1–4.）は、この事業の困難さを吐露したものである。マデイラ島からリオ・デ・ジャネイロまでは毎年三、四隻の船が出ており、今回の王室の発案の移住計画よりも安い費用でもって渡れること。一隻の船に缶詰状態で航海が行われ、到着後に仕事があるかどうかの不安が移住希望者のあいだにすでに広まっていることなどによって、この種の移送を敬遠する者が多いと記している。

結局、一七五六年七月四日付のサンタ・カタリーナ島長官ジョゼー・デ・メーロ・マヌエル宛て国王書簡には同年四月二六日に、八五組の夫婦を乗せた船が出発したことを知らせている。

しかし、不幸にもこの船はバイーア州沿岸ジョアネス川河口で遭難している。国務大臣宛ての書簡（AHU. Núcleo Bahia. Caixa nº 15, doc. 2. 727.）には、一七五六年四月二六日、ノッサ・セニョーラ・ダ・コンセイサン・イ・ポルト・セグロ号がマデイラ島を出港してサンタ・カタリーナ島に三歳以上五三五人を乗せて向かったとある。逆風により五カ月にも及ぶ長い航海となり、食糧と水も尽きたので、補給のためにバイーア州沿岸ジョアネス川河口の港に向かったが沈没したのである。一一人の女性と数人の男たちしか助からなかった。二時間たらずの間に、マストが折れ、船が壊れて海中に沈み、艦長もほとんどの乗組員も死んでしまったので、助かった者は、再び乗船するのを怖がり、森の奥のほうに逃げてしまった。海中に沈まなかったものとしてほんの小さな物を除けば、オリーブ油などの樽が海上に浮かんでいただけだった。

航海術が発達していた当時にあっても、このような事故はやはりおこってしまっている。あらゆる意味においてブラジルへの航海は順風満帆とはいかなかった。移住は人生を賭けた一大決心事であったのである。

（五）移送規定の検査について

すでに言及したことであるが、フェリシアーノ・ヴェーリョ・オルデンベルグによる最初のアソーレス夫婦のサンタ・カタリーナ島への移送に関しての規定第一四条には以下のようにあった。

第一四条　サンタ・カタリーナ島総督の移送についての任務について。

「サンタ・カタリーナ島に船が到着すると、当地の長官またはその委任するものは乗船者から秘密裏に六人を選び、誓約させ、船上では契約、規則どおりに事が運んだかどうかの情報を得ること。もし、違反があればその証言者が誰かはキャプテンもしくは艦長に言わずに釈明を求め、封書を書かせる。それによって海外領委員会は支払額を割り引くかどうか決める」

ここで一四条を再び見たうえで、実際にはこの条文はどのように執行されたのか、その実例を見てみよう。

サンタ・カタリーナ島長官マヌエル・エスクデイロ・フェレイラ・デ・ソウザはこの規定に基づいて移送が行われたかどうか、厳格に検査した（AHU. Núcleo Rio de Janeiro. Caixa nº 30, doc. nº 14. 644. apenso ao doc.nº 14. 643.）。

「一七四九年一二月にサンタ・カタリーナ島に到着したジョゼー・ロペス艦長のノッサ・セニョーラ・ダ・コンセイサン・イ・ポルト・セグロ号に関しては、航海中に規定に従った補助が人びとになされたかどうか報告をする必要がある。同様のことは、一七五〇年一月に到着したフランシスコ・マヌエル・デ・リマ艦長のサンタナ・イ・セニョール・ド・ボン・フィン号、マヌアル・フラガ艦長のノッサ・セニョーラ・ド・ロザリオ号についても言えることである」として以下のように報告している。「アソーレスのサン・ミゲル島ポンタ・デルガーダ出身でサンタ・カタリーナ島に移住した三四歳の男マヌエル・デ・メデイロス・デ・ソウザに真実を言うように右手を挙げて宣誓させ、証言することを要請した。ノッサ・セニョーラ・ダ・コンセイサン・ド・ポルト・セグロ号艦長のジョゼー・ロペスは規定どおりに食事を与えたり、各種の時間を守ったりしただけでなく、女性の看守についても国王陛下の命令を守っていた。さらに食糧は豊富にあり、水も十分であった」と答えた。同じ船で来着したテルセイラ島アングラ市出身の男マヌエル・デ・ソウザ・カストロ（三二歳）も同様に「食事も決まった時間に出され、女性の看守もできており、艦長は乗船者をできる限りの愛情をもって取り扱った。またアングラから来た者は皆が健康で無事に上陸した」と言った。三〇歳の男、外科医ジョゼー・モンテイロも他の者と同じように答え、「艦長は有能で不平を言う者はいなかった」と答えた。

航海中の規則の遂行についての報告書を読んでいくと（AHU. Núcleo Rio de Janeiro. Caixa nº 30, doc. nº 14. 645. apenso ao doc.nº 14. 643.）、皆が同じよい事ばかりを答えているようにも思える。この証言は真実だろうか。史料をより詳細に見つめ航海の様子をさぐっていくと、そこには移住者の「本音」が垣間見えてくる。サン・ミゲル島ラゴア出身の三九歳の男は、皆と同じように不自由しなかったと言いながらも相違点を表明した。以下、さまざまな人びとの証言において食い違っている点などがみられる。

「食事も水も豊富にあったが、病人が出たときには、病人食用の鶏が不足したことがあった。アングラの港を出港したときには鶏は生きていたが、毎日水を与えなかったので死んでしまった」と答えた。
ファイアル島出身の男四八歳マヌエル・ヴィエイラは、規則の九条の規定も遵守されたと答えている。「鶏の不足があったが、それは嵐の影響で海水が船に入ったからである。病人にはお菓子や薬を与えていた。皮付きの豚の脂身が不足したが、その分多くの塩味の牛肉を与えてくれた」と言っている。

サン・ジョルジェ島カリェッタ出身の五五歳の男は、司令官の一人は食事などすべて適切に与えたと言った後に、多くの病人のための鶏肉が不足したことを述べた。それは主としてアングラの港を出てから五日間続いた嵐のために死んだ。しかしお菓子などでそれを補った、と答えた。

ファイアル島出身の既婚の男、三六歳マヌエル・フランシスコ・デ・ローザは、ノッサ・セニョーラ・ド・ロザリオ号でサンタ・カタリーナ島に到着した。彼は航海についてこう証言している。「食事は豊富にあったが、病人のための鶏が不足した。これはアングラを出港してからのひとつめの恐ろしい嵐で海水が入り、鶏が流されて失われてしまったためである」。

マヌアル・フラガ艦長のノッサ・セニョーラ・ド・ロザリオ号に乗船してサンタ・カタリーナ島に到着したピコ島出身の三五歳の男アントーニオ・ジョゼー・タヴァーレスによると、「釜戸に火をつけることができない嵐の日を除いて決まった時間に素晴らしい食事が出された。アングラから持ってきた病人食用の鶏が死んで不足したが、ビスケットなどの準備された食べ物で補われた。あまりにも多くの人を乗船させたので不快であり、そのため病気の者や死者が出たのではないか」。

他の報告書（AHU. Núcleo Rio de Janeiro. Caixa nº 30, doc. nº 14.645.apenso ao doc.nº 14. 643.）には、以

下のようにある。

　テルセイラ島出身五二歳の男によると、サンタナ・イ・セニョール・ド・ボン・フィン号の指令官のマテウス・オウレンソ・コエーリョは、乗船者を大いなる慈悲でもって取り扱い、配慮したと言った。「女性と男性の分離も完全に行われ、食事も素晴らしいものが決められた時間に出された。水も毎日与えられ、皆が健康で上陸することができた。何ひとつとして困惑させるものはなかった」。

サンタ・カタリーナ島、フロリアノーポリスの海（写真提供　www.guiafloripa.com.br）。

　フランシスコ・マヌエル・デ・リマ艦長のサンタナ・イ・セニョール・ド・ボン・フィン号でサンタ・カタリーナ島に来た外科医の資格をもった男二五歳マヌエル・マルケス・デ・サンパイオは、豊富な食事の他に、病人には鶏肉の食事やお菓子が自由に与えられ、皆に細心の注意が払われたので、アングラから乗船したものはまったく健康な状態で上陸することができたと証言している。

　その他、フランシスコ・マヌエル・デ・リマ艦長のサンタナ・イ・セニョール・ド・ボン・フィン号でサンタ・カタリーナ島に到着したサン・ミゲル島出身の一九歳の宣教師の男ミゲル・フランシスコ・デ・メディロス・テゾウレイロ・ダ・マトリス、さらに同船でサンタ・カタリーナ島に来着したアングラで軍人であった二四歳の男マテウス・シャヴィエールも航海中の処遇について最高の賛辞を述べている。

現存する報告書から考える限りは、サンタ・カタリーナ長官のマヌエル・エスクデイロ・フェレイラ・デ・ソウザの熱意ある検査の行動が窺える。苦難を伴う航海中に人道的処遇がなされたことを王室に報告したものであるが、後述のように歴史小説家らはそうは描いておらず、非常につらい航海であったと表現している。

（六）文学が語り継ぐ大西洋の大航海

九つの島があるアソーレス諸島では、それぞれの移住希望の住民はテルセイラ島のアングラ・ド・エロイズモのサン・ジョアン・バティスタ要塞に宿泊し、そこの港から船に乗ってサンタ・カタリーナ島に向かって大西洋を南下した。

多くの死者を出すことになった大型帆船（ガレー船）での船旅は目的地のサンタ・カタリーナ島まで平均三カ月の時間がかかった。大勢が缶詰め状態で乗船していたことに加えて飲料水や新鮮な食料の不足などで、船の中の人びとは衰弱していき、死亡する人もあった。航海途中の記録はまだ発見されていないとされているが、当時の状況を分析した記録からその悲惨さがわかる。

「人と人の肌が接触するほどの狭さの船上の生活では、皮膚病が次々と人にうつった。寄生虫症が発症した。赤痢も発症した。空と海だけの世界で旅が進むにつれて病気が弱い者、強い者、子どもを抱きかかえる男女にも広がり、精神的、体力的に病に抵抗できなくなった。ロアンダ病が発症した。足は膨れてしまい、皮膚はただれ、足取りは重くなり、舌は白く腫れて食べ物の味覚を失った。頻脈、呼吸困難、疲労感で、どのような丈夫な人でも苦しんだ。歯茎が弱り、出血した。ロアンダ病とはこのようなもので、アフリカ人を運んでいて疫病でほとんどが死に絶えてしまったその同じ病気だった。果物、野菜などのビタミンC不足による壊血病、ビタミン欠乏症のことで、旅の間に何が起こってももちこたえると思われた屈強な人でも犠牲者になったので皆が狼狽した」（Oswaldo Rodrigues Cabral : *Os açorianos*. Florianópolis, s. e., 1951. p 22.）。

アソーレスのサン・ミゲル島在住の作家ダニエル・デ・サー（Daniel de Sá）は、当時の歴史文書を読み直し、大西洋航海途中の船の中の苦難について『脱植民記』（*Crónica do Despovoamento das Ilhas*, Edições Salamandra, 1995, p 192－205.）の中でこのように再現している。彼の作品では航海は大変苦しいものとして表現されているが、これについてさらにもう少し引用してみよう。

「まず最初の病気は、船乗りでも苦難する吐き気であった。これはあとからやってくる苦しみの前兆に過ぎなかった。出発前にアソーレスの陸地で食べた最後の食事が、嵐によってすべて内臓から吐き出された。船の揺れに従って内臓すべてが口から出てきそうであった。そして吐く物がないと苦々しいよだれが口から垂れ、体が痙攣した。（中略）夜は寒く、皆は風邪をひき、肺炎になり、悪臭のする食べ物を酢でごまかして食べるも、船酔いからまた吐いてしまい、その後の空腹から眠れなかった。（中略）部屋は人びとで一杯で、互いの体がぶつかった。死体は部屋に置いたままであった。食べ物は新鮮でなく、ビスケットも湿って水分を含んでいた。外科医は出血による感染を怖がり、手術もしなかった。多くの問題と不満が船内であったにもかかわらず、上陸後に船旅について規定どおりに何も問題なく進行したかどうかを質問された者は、すべて完璧であったと答えた」

	船主、契約者	出発日
第1回目の移送	フェリシアーノ・ヴェーリョ・オルデンベルグ 1747年8月7日 1000名 たばこ移送船との契約（マデイラ島民） 60名	1747年10月21日（2隻） 1748年10月16日（2隻） 1749年10月1日 1749年4月8日
第2回目の移送	フランシスコ・デ・ソウザ・ファグンデス 4000名	1749年9月4日（8隻） 1753年11月13日（2隻）
第3回目の移送	フランシスコ・デ・ソウザ・ファグンデス 1000名	不明
第4回目の移送	フランシスコ・デ・ソウザ・ファグンデス ジョゼー・ロドリゲス・リズボア 535人	1756年4月26日（バイーア沿岸で遭難）

さらに、名を挙げておくべきこのテーマの貴重な文学としてサンタ・カタリーナ文学の作家アルミーロ・カルデイラ（Almiro Caldeira）の『糸のもつれ』（*Rocamaranha*, Editora UFSC, 2003.）がある。移住登録、大航海、到着後の一家族の心理葛藤と王室が果たさなかった約束についても描く歴史に残る小説である。そして、いずれ日本語に訳出されるに値するルイス・アントーニオ・デ・アシス・ブラジル（Luiz António de Assis Brasil）の映画化された小説『大海原の船』（*Um quarto de légua em quadro*, Editora Movimento, 2005.）は、移住者の船で同行した医師の日記形式にて船上の生活を蘇らせるもので、移住希望リストに登録して船に乗ってブラジルを目指すべきでなかったと後悔する船上の人びとの苦悩を描いている。

前述のとおり、当時、アソーレスからブラジルへと移住した人びとについての登録者数、乗船数など今日まで残っている史料は少ないが、ポルトガル植民史研究で有名なサンタ・カタリーナ大学のワルテール・フェルナンド・ピアッツァ博士によると（*Os Açorianos.* p 518–526.）、さまざまな報告書や書簡から判断すると、この移送でサンタ・カタリーナ島に無事に到着した移住者数は五九六七人としている。右の表は出発日と移送船の契約者を示すものである。

この表で示されているとおり、さまざまな困難や危険があったものの、無事サンタ・カタリーナ島に大勢の者が移住したのである。その人びとは以後、ブラジル南部の歴史を主体的に動かしていく人びとになったのである。

*

第七章　ブラジル到着

アソーレス人が大いなる困難を乗り越え、ある者は船上で病死し、ある者は病気の状態でサンタ・カタリーナ島に到着しても、それは彼らの長い旅の終わりを意味するものではありませんでした。上陸後彼らはさらに南西のスペイン支配地域である国境地帯にまで行き、そこに集落を形成するために住み、軍事的任務を遂行する必要がありました。つまり、移住者たちは苦労のすえにようやく新しい生活を始めようという矢先に、開拓者としてではなく兵士として軍事的に配置につかされたということになります。

この章では、南西域に広がる大地にアソーレス人が「行かされた」ことを見ていき、新天地を求めての旅程のその実際は苦行であったことを理解し、移住に関する最初の主旨はどこにあったのか、問題を発見していきましょう。

(一) 集落形成への道のり

帆船で大西洋を南下するには最低三カ月かかった。人びとを乗せすぎており、過酷な条件のもとでの航海であったと判断せざるを得ないが、実情については既述のとおりである。これらの航海条件については、一七四七年八月五日に制定された規則が実施されていたと思われる。

アソーレス諸島からサンタ・カタリーナ島に無事に着くと、それで移住の旅が終わったのではなく、その次は定住すべき地点まで行かなければならなかった。この最後の段階において、眼前には切り開くべき密林、開墾すべき未開墾地があり、すでに疲れ果てた弱った体でもって困難な道のりを期待と不安をもって進まねばならなかった。その陸路の行程もアソーレスの人びとだけで道を突き進んだのではなく、サンタ・カタリーナ長官が取り仕切った。

上陸後の移動についてはリスボンにある海外領委員会には簡単な作業であるように思われていたが、現地担当者の長官がポルトガル国王が下した命令を実行するには非常に困難を極めた。ブラジルの未開拓地において植民を成功させるための重要な点は農業を発展させ、日常生活を確立することであったので、ポルトガル王室は入植者に特権を与えていた。それは、土地を分配し、工具類、食糧、武器を与え、援助金を出すことであった。食糧供給は一年と期限が設けられ、供給される小麦や魚の量も毎月年齢別に定められた。また、前述したとおり、それぞれの夫婦には牝牛二頭、牝馬一頭、四頭の雄牛、二頭の雄馬が与えられた。戸主には侵入、敵対者に対して防御用のライフル銃が授けられたが、それを売却することは厳禁された。

入植者がサンタ・カタリーナ島に上陸すると、サンタ・カタリーナ島長官は入植者を迎え入れ、一七四七年八月九日に制定された規則に従って適切に処遇しなければならないという重大な任務があった。定住の場所、食事、援助費、家畜、必要な工具類、移住募集の公布時に約束した土地、集落の形成、精神的よりどころのための教会の設立、軍隊の構成、税制などである。一七四七年八月九日の国王勅書には新しい入植地の位置についての概念が指令されている。「ジョゼー・ダ・シルヴァ・パエス長官にこの指令が到着次第、直ちにサンタ・カタリーナ島または大陸において、サン・フランシスコ・ド・スル川からサン・ミゲル山脈まで、およびその山林地区を共同体の場所として選ぶこと。しかし、スペインとの境界に関して問題にならないように注意すること。最も適当と思われるところには、到着する約六〇組の夫婦をそれぞれ定住させること。教会も建設し、それぞれの教区には聖職者がいることが要求されている。通りには、通りだとわかるように両脇に細紐が張られ、住居は整然と建築され、家の裏側には菜園などの庭がなければならない」。

この指示に従い、植民地には次々と教区がつくられていった。具体的には（José Gonçalves dos Santos Silva. *Subsídios para a História da Província de Santa Catarina.* mss., inédito, t. 1, p 60.）、一七五

〇年、サンタ・カタリーナ島にノッサ・セニョーラ・ダ・コンセイサン・ダ・ラゴア教区が、そしてノッサ・セニョーラ・ド・ロザリオ・デ・エンセアーダ・デ・ブリット教区が創設された。一七五一年には、サン・ジョゼー、翌年の一七五二年にはサンタナとヴィラ・ノーヴァ、一七五五年にはノッサ・セニョーラ・ダス・ネセシダーデスとサント・アントニオ教区がそれぞれ創設された。

サン・ミゲル・アルカンジョ、バレイロス、サン・ジョゼーなどの島に近い沿岸にも集落ができるに至った。サンタ・カタリーナ島においては、初期はノッサ・セニョーラ・ド・デステーロ村の周りに集落が形成された。これはジョゼー・ダ・シルヴァ・パエス長官が一七四八年につくったものである。島の西側は現在モロ・ド・アンタンと呼ばれる丘の斜面に教区が形成され、東側はサンティッシマ・トリンダーデ・デ・トラス・ド・モーロ教区が形成されたが、その後次第に南北に広がっていった。北部にはサント・アントニオ地区やカナスヴィエイラス地区ができた。島の大西洋沿岸にはラゴア・ダ・コンセイサン地区とリオ・タヴァレス地区、さらに南部にはリベイラン・ダ・イーリャ地区がつくられた。湾岸沿いは人口が希薄であったのでそこにも新しく来た移住者を住まわせた。過疎地を解消させ、ブラジルの版図に移民をくまなく住まわせることは植民地の確保のためには必要なことであったのだ。

そして司法制度確立のためにひとつの集落につき裁判官や判事のいる司法機関が設けられた。軍事関係では成人男子は全員、部隊に属さねばならなかった。このような細かい規則をもってブラジル植民を推進したポルトガルであったが、その目的は自国の植民地の確保であり、移民に必要以上の負担をかけるという意図はもちろんなかった。すべては植民地の安定的経営が目的であるので、移民たちを「優しく」扱うことも当然おこり得たのである。たとえば、海外領委員会は、あまり無理をせずにアソーレスの夫婦はサンタ・カタリーナ島だけでなく、取り急ぎサン・フランシスコ川からサン・ミゲル要塞までのサンタ・カタリーナの本土沿岸の快適なところにも住むように薦めていた（Arquivo Público do Estado de Santa Catarina.（APESC）*Correspondência da Corte para o Governo da Capitania de Santa Catarina, 1748–1758.* Fls. 1–6.）。

続々と到来する入植者についてその都度リスボンの王室に報告したマヌエル・エスクデイロ長官は一七五一年二月に次のように述べている。

「四〇組の夫婦、総勢二一四人を自分が借りたスマッカ（帆船）でマガリャンイスと呼ばれる場所まで移動させた」（AHU. Núcleo Santa Catarina. Caixa nº 1, doc. nº 62.）

このようにブラジル到着後に移民たちは半ば強制的にあてがわれた土地に移っていったのだが、では、そのマガリャンイスとはどのような土地であったのだろうか。同年一七五一年二月にはそのマガリャンイスについて報告している（AHU. Núcleo Santa Catarina. Caixa nº 1, doc. nº 62.）。

「グルパパ平原につながるマガリャンイスという場所では、新たな入植者たちはそこで働きたがらず、皆がラグーナに帰ってしまった。家などを建てる粘土や木材もなく、ただあるのは耕作と家畜のための広大な土地ばかりだったからで、彼らはヴィーラ地区または北部のシャヴィエール地区のほうに住むことを好んだ」

入植者らはラグーナの北部に移動し、ヴィーラ・ノヴァ・デ・サンタナの集落が形成された。この新しい村についてマヌエル・エスクデイロ・フェレイラ・デ・ソウザ長官はリスボンの王室に書き送っている。

「その新しい集落はカンポス・ド・シャヴィエルとウナと呼ばれる素晴らしい場所にあります。そこで私は聖母サンタナに捧げた礼拝堂を建立し、集落の名前をヴィーラ・ノヴァ（新しい集落）と名付けました。そこにはアングラ司教が主任司祭に推薦した聖職者が今アソーレスから到着しました。そして、この集落は今まで私が設立してきたものの中で最もよいもののひとつであり、住民も大いなる慰めを享受しております。そこにある大きな湖には魚が豊富ですし、家畜、耕作には最適な土地があり、大海から入り江に入ると船を守るよい地形になっているからです」

この知らせを受けると王室は入植者をさらに西のサン・ペドロ・ド・リオ・グランデ・ド・スルへ向かわせるように薦めたので、マヌエル・エスクデイロ・フェレイラ・デ・ソウザ長官は、アソーレスから到着したばかりの人びとの中から、まだ続くこれからの旅に耐えることのできる健康な者を選ばなければならなかった。しかしこのさらなる移住計画は入植者たちには不評で、多くの人びとはまた船に乗ることを嫌がったし、サンタ・カタリーナ島にすでに少し前から定住している者からまた移住を募集することはさらに困難であった。そのうえ、リオ・グランデ・デ・サン・ペドロの港に入るには喫水の浅い小さめの船でないと入れず、その小型船を調達するのも困難なことであった。

ブラジルに入植した人びとは当時、どのような暮らしをしていたのだろうか。集落の完成度について、述べている文書がある（*Revista do Instituto Histórico e Geográfico de Santa Catarina.* Florianópolis, nº 2, v. 1, 1902. p 25－26. Informação ao Governador Francisco de Sousa de Menezes.）。それによると、「サンタ・カタリーナ島にはマトリス（首府）教区がある。ノッサ・セニョーラ・ダ・コンセイサン・ダ・アラゴアにはマヌエル・エスクデイロ長官が巨額の費用でもって設立した教会があったが、廃墟となった。屋根だけが残り、漆喰と木製であったので長持ちせず、今ではバラック小屋となっている。ノッサ・セニョーラ・ダス・ネセシダーデス教区には国王陛下とジョゼー・デ・メーロ・マヌエル長官の許可によって建てられた高貴な教会がある。サン・ミゲル教区にはただ藁葺きの小屋があり、生活の建物となっている。サン・ジョゼー教区には屋根と床のある木製の小屋がある。そこにはマヌエル・エスクデイロ長官が石と石灰でできた教会を設立するように決定したので、石が運ばれてきた。しかし、まだ工事は初期の段階である。サンタナ教区には今日、石と石灰でできた小さな教会がある」とある。

このような集落についての文書から当時の入植地の祈りの場所についての状況がわかるだけでなく、集落についてまだ手を加えて発展させる必要性があることと、集落の荒廃までを理解することができる。入植者は徐々に増えてはきたものの、まだ安定した暮らしを確立するには至っておらず、ポルトガル王室の思惑だけでやみくもに西へ植民地域を広げるというのは移住者の日々の苦労を無視した過酷な政策であったことが、この報告からも窺うことができるであろう。

リオ・グランデ・ド・スルのアゾーレス記念碑（写真提供　ルイス・アントーニオ・アシス・ブラジル氏）。

(二) リオ・グランデ地方への発展

すでに述べたように、アゾーレスからの人びとをブラジル南部に定住させる場所に関してのポルトガル王室の決定は、サン・フランシスコ川からセーロ・デ・サン・ミゲルまでの範囲において実施するということであった。セーロ・デ・サン・ミゲルは、現在のリオ・グランデ・ド・スル州に位置していたのでアーレスから船で到着したサンタ・カタリーナ島からは、またもや船で旅をしなければならないところであった。

一七四八年二月二四日付国王宛てジョゼー・ダ・シルヴァ・パエスの書簡（AHU. Núcleo Santa Catarina. Caixa nº 1, doc. nº 40.）には次のようにある。

「これまでに到着したアゾーレスの夫婦に対して私が差し向ける定住地に関して、もっとも相応しいと思われる場所にこれから移送したいと思います。まだ未開拓地があるのでラグーナ村や平坦な土地や船舶の航行に適した海域のあるリオ・グランデへ向かわしたいと思います。そこは国王陛下が定住させるように決定された場所にあたります」

このような経緯から、それ以後さらに西のリオ・グランデ・デ・サン・ペドロへ向けてアゾーレスの人びとを送り届けることが実施された。

一七五〇年一二月三日付けマヌエル・エスクデイロ・フェレイラ・デ・ソウザ長官宛て国務大臣ディオゴ・メンドンサ・コルテ・レアルの書簡には、「リオ・デ・ジャネイロ長官ゴメス・フレイレ・デ・アンドラーダに対してリオ・デ・ジャネイロからリオ・グランデ・デ・サン・ペドロに向かうすべての小型船舶は、サンタ・カタリーナ島に寄航し、アソーレスの夫婦を乗せてリオ・グランデ・デ・サン・ペドロに向かうように国務省並びに海外領委員会から懇請した」とある。この渡航事業がその後しばらく続けられていることはさまざまな史料から明らかになっている。例えば、一七五八年四月二二日付けの国王宛てリオ・デ・ジャネイロ長官ゴメス・フレイレ・デ・アンドラーダの書簡は、リオ・グランデ・サン・ペドロへ向かっていた小型（スマッカ）帆船が遭難したことを報じている。

アソーレスの人びとのリオ・グランデ・デ・サン・ペドロへの入植は一七五〇年九月以降に一七六三年までなされ、夫婦四三二組八六四人の他、夫婦でない者の一一七三人も確認されている（Maria Luiza Bertuline Queiroz. *A Vila do Rio Grande de São Pedro, 1737–1822*. Florianópolis, UFSC, 1985. p 131.）。

以上は、外交文書を根拠にしたリオ・グランデへの入植の年代であるが、一九〇六年頃の年代記作者らは一七四二年にすでにアソーレスからの夫婦（Casaes）が入植したと報じている（Fortes, João Borges. *Casaes*. Rio de Janeiro, 1932. p 79–95.）。しかし、この判断には、より慎重な検討が必要であろう。フェリシアーノ・ヴェーリョ・オルデンベルグの船がはじめてアソーレスからの夫婦をブラジルに運んだのは一七四七年のことであり、サン・パウロやリオ・デ・ジャネイロに駐留していたポルトガルの軍人がリオ・グランデ地方にある新たな任務地に向かったり、それに伴い多くの人びとも移動したこととアソーレスからの入植者とを混同して誤解していると考えざるを得ない。オルデンベルグの船が到着して最も早くリオ・グランデ地方にアソーレス人が到着したとしても一七四八年になってからでないとそれは起こり得ない。したがって、アソーレス人が実際に存在していたとしても、それは集団的、組織的移住によらない別の方法による入植者であり、本書で取り扱うテーマとは明らかに別のものである。

一七四八年、一七四九年にサンタ・カタリーナ島に到着したアソーレス人の一部は直ちにまた船に乗せられリオ・グランデ地方に向かい、そこに到着すると、ようやく大地を耕し始めた。このような入植者の苦労はあったが、ポルトガルにとって入植者の定住は意義深いものがあった。一七五二年にはすでに収穫物があったが、種の袋や果樹園を襲う蟻と格闘しなければならなかった。リオ・グランデ、ヴィアマン、サント・アマーロ、リオ・パルドなどの入植地はブラジル南西部の軍事的に重要な地点であったことは言うまでもないからである。

ポルトガルは入植者たちが定住し、そこで人口を増やすことをつうじて、ブラジルの確保をより確かなものにしようとした。一七五三年、ヴィアマンにてアソーレス人夫婦から生まれた男の子二一人と女の子二〇人が洗礼を受けたことは、この地理的重要地点における人口増加政策の成果の一端を物語っている。

第八章　ポルトガル王室の約束の遂行

この章では、これまで以上にポルトガルの移民・植民政策に疑問を投げかけます。ポルトガル王室は、移住した者に牛や馬を与えるなどと宣言していましたが、その履行が困難であったのはすでに見てきたとおりですが、そもそもこの宣言は、はたして本当に実行できるような約束事だったのでしょうか。この約束は最初から守るつもりのない甘言であり、少しでも多くの移住者を集めようとした過度な大規模事業であったのではないでしょうか。

大きな修道院をリスボン近郊のマフラに建設し絢爛豪華さを見せつける裕福な王室が、事細かなことまで決定し、それを実行するには無理があったのではないでしょうか。

トルデシーリャス条約によってスペインとともに世界を二分割するほどの夢想を実現してしまった王室にとっては、約束した鍬などがアソーレス人に行き渡らなくても、大した問題だとは認識しなかったのでしょうか。困難な開拓に向かう入植者にとってみれば、まさに死活問題ですらあった約束が守られなかったとき、入植者たちはどんなことを思ったのでしょうか。実際にブラジルに行ったアソーレス人にとってみれば裏切られたとか騙されたと思ったのではないでしょうか。

読者の皆さんはどのように思いますか。この章では、これらの問題について考えていきます。

一七四八年二月二四日付け国王宛てのジョゼー・ダ・シルヴァ・パエス長官の書簡（AHU. Núcleo Santa Catarina. Caixa nº 1. doc. nº 40.）には、前年一二月三〇日にテルセイラ島やその他の島を出発したアソーレスの夫婦を乗せた船が二月六日にサンタ・カタリーナ島に入港したことを報じている。その数は、夫婦八五組、子どもやその他の者もあわせると総勢四六一人が上陸したものの、ジョゼー・ダ・シルヴァ・パエス長官は国王が命じた適切な対応を直ちにすべての人びとに対してすることができなかった。多くには家を与え、独身の男女は結婚させたが、既婚者に与えることになった土地、工具類、鍬などは準備不足のため各人もれなく与えることができず、入植者たちの不満に直面することになった。彼等は渡航前に約束されていた土地や工具類を要求してきた。もとよりこれはパエス長官にとって不本意なことであり、入植者たちの不満を当然のことと思った長官は、未支給の土地等を入植者たちに与えるための国王の裁可を得たい旨を述べている。また軍隊の形成においても、既婚者に武器を与えるにも武器がない実情を訴えているが、一七四七年八月九日の国王勅書にある命令を遂行することを明言し、多くの移住者が一度に到着しようとも柔軟に状況に応じて対応することを伝えている。この事例からもわかるとおり、入植者たちへの支給品が与えられなかったことは、現地の出先機関の怠惰、不備だけでなく、そもそもポルトガル本国の十分な準備がなされていなかったことに起因している場合もしばしばあったのである。

（二）土地の分配について

一七四七年八月九日の国王勅書には、入植者たちには土地を与えてそこに建てた家屋に家長を住まわせることを指令しているが、ジョゼー・ダ・シルヴァ・パエス長官の一七四八年二月二四日付けの国王宛て書簡によれば（AHU. Núcleo Santa Catarina. Caixa nº 1, doc. nº 40.）、「皆がそれぞれ互いに近くに居たかったので移住者たちはこれに大きな満足の意を表さなかった」とある。不馴れな土地で、各自がばらばらに住むことに不安を感じていた様子が窺える。また、他の書簡では（AHU. Núcleo Santa Catarina. Caixa nº 1, doc. nº 62.）、「奥地に入り、土地分配のために境界を定めるための地理学者、技師、そして定住させるべきところまで移送するための水先案内人も不足している」と報じている。つまりこの段階になって土地分配のための有能な者がいないことや、ブラジルの奥地の熱帯の環境に関する問題が浮き彫りになったわけである。入植には不慮の事態がつきものだが、入植者たちが直面した苦労を考えれば、これは行政の不誠実さの現れと言う他ないだろう。

さらに、上陸後、独身者を結婚させると言っても、与えるべき土地や工具類、武器、土地に撒く種子なども十分でなく、あまりにも若い者をむやみに結婚させることに関して、あらたな疑義が生じた（AHU. Núcleo Rio de Janeiro. Doc. nº 15. 521/ 8.）。この点について改善点として、到着後の移住者は男が一六歳以上、女は一四歳以上になった時点で結婚させ、既述の土地分配などの特権をあたえるべきだとし、国王も承認するに至った。

また、人びとはさらに多くの土地を欲しがるようになり、耕作用大土地所有者となるための新たな土地に関する対処の必要性に迫られることになったが、結局一七六〇年八月二三日付け国王勅書が発布され（AHU. Códice 919. p. 220v.）、国王ジョゼー一世は一七五九年にポルトガル領から追放されたイエズス会宣教師の所有した土地をアソーレスの人びとに分割譲与するようにサンタ・カタリーナ長官に命じたのであった。

（二）種子について

一七四七年八月九日の国王勅書には、時宜に応じて畑に種まきをするようにある。この点に関して、入植後間もないアソーレスの人びとは、小麦はあまりその土地に適せず、麻の栽培に向いていることを早くも発見している（José Gonçalves dos Santos Silva. *Subsídios para a História da Província de Santa Catarina,* mss., inédito, 1866, tomo 3, p 13.）。この事実からサンタ・カタリーナ沿岸のポルトガル系の人びとは粉の一種であるマンジオッカの栽培を始めることになった。

（三）武器と工具類について

すでに見てきたとおり、入植者たちにはいくつもの約束がなされていた。ポルトガル王室が移住者に供与すると約束した品々だ。夫婦にはライフル銃一丁、二つの鍬、一つの手斧、一つのハンマー、一つの大刀、二つのナイフ、二つのハサミ、二つの木工きり、一つののこぎりとやすり、目立て器などが供給されることになっていた。一九四七年八月九日の国王勅書には、ライフル銃と工具類をアソーレス夫婦に与えることに関して、ジョゼー・ダ・シルヴァ・パエス長官が担当して配給し、入植者はそれらを保管し、特にライフル銃については売却しないように約束させることを要求している。国王はリスボンで武器と工具類を製造するように命令している（AHU. Núcleo Rio de Janeiro. Doc. nº 13. 402–13. 424.）。この史料を読む限り、王室はこの時点では本気で約束を履行しようとしていたことが窺える。

一七五〇年三月二〇日付け国王宛てマヌエル・エスクデイロ・フェレイラ・デ・ソウザの書簡にはリスボンから送付されたものの受領が示されている（AHU. Núcleo Rio de Janeiro. Doc. 15. 201 a 15. 203.）。リスボンの鍛冶屋から高品質の太刀二〇〇〇、小刀二〇〇〇、ハサミ四〇〇〇、のこぎり、鍬、ハンマー、斧それぞれ二〇〇〇、種々の釘九七五九、ライフル銃一四七七丁などが実際に届けられたが、肝心の配給に関して言及されていないものもあるので、実際に移住者に行き渡ったのかどうか、疑問が残る。また実際にブラジルに届けられたまま移住者に渡されなかった物品の行方も気になる。

（四）家畜について

移住者たちには家畜も供給される約束になっていたことも、すでに見たとおりである。一七四七年八月九日の国王勅書には、国王の牧場から馬と牛、それぞれ二頭をアソーレス夫婦がブラジルに定住した後直ちに送るとある。しかし、この約束が遂行されたのかにも疑問が残る。一七四九年から一七五二年に間に、四九頭の牛と三四一頭の馬が届けられたが、それが実際に配給されたことを示すものは残存していないからだ（Arquivo Nacional da Torre do Tombo.（以下 ANTT と略） Lisboa. Erário Régio. Livro da Conta Tomada.）。

（五）入植初年度の支援である穀物粉と魚について

移住者には食糧の支援として、移住後の一年間は食糧のための粉や魚を提供することが取り決められていた。さらに年齢によっても、また社会階級によってもそれぞれの人びとが受け取ることのできる量が定められていた。一七四九年から一七五二年までに移住者に対して五二六八六アルケイレ（一アルケイレは一三・八リットル）の粉が配給された。魚について詳細は不明だが、ボラが配給された（ANTT. Lisboa. Erário Régio. Livro da Conta Tomada.）。

（六）移住者への支援金について

一七四七年八月九日のリオ・デ・ジャネイロ長官ゴメス・フレイレ・デ・アンドラーダ宛ての国王勅書には、サンタ・カタリーナ島に向けて、支援の約束を遂行するために必要な金を送らなければならない、とある。しかし史料の不足からこれも実行されたかどうかは不明である。

（七）入植者または新しい司教区に対応する聖職者について

移住者たちには宗教的配慮も当然なされることになっていた。入植者のために教会を設立すること、またマデイラ島フンシャルの司教とアソーレスのテルセイラ島アングラの司教が移住者たちに同行することを国王は命じている。さらにサンタ・カタリーナ島に到着時、聖職者たちには一万レイスの支援金と教会建設のための土地も与えられるとしている。

宗教的応対に関して国王は、すべての移住者に対する到着後の精神的援助として教会と聖職者の迅速な役割に重要性を認めている。アソーレスからの移住者には心のよりどころとなる教会が必要であるという考えから、海外領委員会は一七四八年七月一七日の命令においてデステーロに本部教会を設立するように記している。このような対策がとられる一方で、移住希望者の募集が行われていた。一七四九年九月二〇日の命令には、聖職者がサンタ・カタリーナに上陸した日から身体の具合の悪い人びとに対して手当てを与えることが決められている。しかし、実際には続々と到着してくる大量のアソーレスの人びとの対応には困難があった。

リスボンからは司祭がミサのときに着る白い長い服（アルヴァ）、マント、杯、蝋燭たて、鈴、聖油入れ、聖杯を使ったあとに聖職者が拭いて清める布、サン・ジョアンの聖画、聖体パンを作る鉄器具などの宗教儀式に必要な道具類が送られてきたが、それぞれ多くても一〇個または二〇個程度であった。祭壇のための石は七個、鐘は六個、聖母マリア像はたった一つだけ送られてきたことが記されている（ANTT. Erário Régio. Livro da Conta Tomada, cit.）。これではきわめて不十分であり、王室の配慮は内実の伴うものでなかったと言わざるを得ない。

*

その後のイエズス会の活動について付言するべきであろう。一七四八年三月一八日、イエズス会神父フランシスコ・デ・ファリアとベント・ノゲイラがデステーロ村に上陸した。サンタ・カタリーナ島長官ジョゼー・ダ・シルヴァ・パエスが出迎え、村の広場にあった王室所有の家に泊まらせた。長官は日々の魚、土曜日に食べる肉とオリーブ油、粉を与えた。このイエズス会神父は以後移送船でやってくる壊血病に罹ったアソーレスからの入植者らの手当てをしたり、精神的支えとなった。

一七五〇年一二月六日ジョゼー国王勅書によって、サンタ・カタリーナ島に続々と到着する入植者に対して、精神的援助をするためにデステーロ村にコレジオ（神学校）を創設するように決定された。

コレジオが存在したと言っても、専用の学校校舎が建てられたのではなく、イエズス会員の住居がコレジオとして機能していたのであった。一七五四年には五〇人が通学していた（Serafim Leite. *História de Companiha de Jesus*, Rio de Janeiro, Instituto Nacional do Livro : Lisboa, Livraria Portugália, 1945, p 471.）。

しかし、国王はこの状態を好まず、十分な教育用設備を整えたコレジオを建設したがった（Osvaldo Rodrigues Cabral, *Os jesuítas em Santa Catarina e o ensino de humanidades na Província*, Florianópolis, Editora da UFSC, 1988. p 132.）。

ポルトガルの後進性はイエズス会がその元凶であるとみなしていた対イエズス会強硬派の首相ポンバル侯爵は、国王暗殺未遂に関与したとの口実の下、一七五九年、反イエズス会政策によってブラジルにいたイエズス会員らをすべてポルトガルに追い返した。さらにイエズス会は、ポルトガルの領土からも追放された。しばしば、イエズス会は王室に対抗して政治に口をはさむなどのことをしてきたので、王室の優位性を確固としたものにするためだった。一七六〇年八月一八日の決定により、イエズス会の財産はデステーロ教区を管轄するリオ・デ・ジャネイロ司教に帰属することになった。ポンバル公爵の政策により、イエズス会コレジオは、王室授業に変えられた（Laerte Ramos de Carvalho. *As Reformas Pombalinas da Instrução Pública*, São Paulo. Saraiva, 1978. 参照）。

サンタ・カタリーナ島におけるイエズス会の活動はあまりにも短いものであったが、初期のブラジル植民に果たした役割は小さくなく、島への入植者、軍人の精神的支えとなり、村を形成していき、土地を確保するという面において使命を完遂したものと思える。

（八）医療について

アソーレスからサンタ・カタリーナ島への移住希望者の移送規定によると、航海には常に医師を同行させなければならなかった。ノッサ・セニョーラ・イ・ボン・ジェズス・ドス・ペルドンイス号には一五五家族、総勢六七〇人が乗っており、王室が認めた医師の免許をもっているジョゼー・モンテイロ・デ・カストロが同行した。大西洋航行中、二七〇人以上が何らかの病気になり、それらすべての人びとに対して彼は熱心に医師としての職務を遂行した（José Cândido da Silveira. *Ilha de São Jorge (Açores). Apontamentos para a sua história.* Horta, Faial, Tip. Minerva Insulana, 1902, p 92–93.）。

サンタ・カタリーナ島に上陸後、アソーレスからの人びとは治療を受ける必要があった。前に述べたように、航海中に壊血病などの病気に罹る者が少なくなかったからだ。しかし、病人対策は決して十分なものとは言えず、一九四九年八月一六日付けサンタ・カタリーナ島担当者の書簡には、病人のための食事を手に入れることができなく、ジョゼー・ダ・シルヴァ・パエス長官は自らの出費によって必要なものを手に入れて対応した。

サンタ・カタリーナ島の医師パウロ・ロペス・ファルカンの一七四九年八月二七日付けの書簡によると（AHU. Núcleo Rio de Janeiro. Caixa nº 49, doc. nº 63.）、ジョゼー・ダ・シルヴァ・パエス長官自らがすべての病人に手を差し伸べていた。王室国庫からは病人が食べる鶏の肉や必要なものを得るために支出がなかったからである。

海外領委員会を通じて国王に上奏されたサンタ・カタリーナ長官からの一七五三年の請願書には、医療施設に行くにも長い道のりや危険な海を渡らねばならず、航海中に夫が妻と子どもを残して死亡した事故のことなどを報告しつつ、その際の家族の苦痛などを取り上げている。さらに、その残された家族の他にもアソーレス出発時から体が不自由で、病弱で、働くことのできない人びとに対して食糧援助などの慈善の施しを王室費用で出すべきであると訴えている。この新しい入植地が貧しい「乞食」でいっぱいにならないように対処すべきことを強調した。これに対して一七五四年一〇月一一日、国王はその意見に同意すると記している（AHU. Núcleo Santa Catrina. Caixa nº 1, doc. nº 40, fls. 6.）。このようにブラジル現地の行政官も、宗主国ポルトガルも移民のための施策を心がけていたことは間違いがない。行政の手がまわりきらないときには、自らの個人的な支出で移民を支援する行政官すらいたことも見てきたとおりである。しかし、それでもこの行為が入植者たちの暮らしを根本から改善することはなかった。このことを通じて私たちは、植民地開拓とは何であるのか、というきわめて本質的な問いに直面することになる。次章からその問題を具体的に検討してみよう。

第九章　結　論

ブラジル植民政策（サンタ・カタリーナの場合）が現在のわれわれに語りかけるものとは。これまで論考してきたことを要約しますと、ポルトガル王室はアソーレス出身の苦悩するブラジル入植者のためにできる限りのことはしていました。そして命令を完遂するようにブラジルでの担当者も努力していましたが、必ずしもアソーレスからの人びとにはブラジル植民地での生活は心地よいものではなかったのです。アソーレスからサンタ・カタリーナに到着したあとの困難はこれだけでなく、次から次へと襲ってくる無数の問題は困難と言うよりもほとんど絶望的とも言えるようです。ブラジル植民政策（サンタ・カタリーナの場合）が現在のわれわれに語りかけるものは、一体何でしょうか。

入植者の家族に住居を与え、食糧確保をすることは緊急を要する施策であったが、すべてが不足し、ポルトガル本国のリスボンからの物資や資金がいつも届いたとは限らなかった。一七五〇年、エンセアダ・デ・ブリトとラグーナ地区では六二〇人分の服が入植者たちに支給されたものの、実はその費用の内、半分はなんと物乞いでまかなわれた。住居の斡旋も間に合わなく、多くの夫婦はヴィラ・デ・デステーロの住民の家に住まわせてもらわなければならなかったが、その後、新しくアソーレスから到着した人びとをすでに定住している人びとが面倒をみることが義務とされるに至る。つまり、住居の不足は一時的なものではなく、常態化してしまい、住民どうしの助け合いが単なる互助活動ではなく、社会を維持するための必須の義務にまでされてしまったのである。

これらのことは一部の移民どうしが助け合っていたことの傍証になるかもしれないが、意味することはそれ以上にはるかに深刻であった。つまり国王がアソーレス人の移住の希望者を募集した公示にあった約束事が実行されていなかったのである。土地、家畜、工具類、武器などは滞りなく分配されることはなかったし、農具は使うと容易く壊れてしまい、使い物にならないなどの不平があがった。ライフル銃も不足しており、夜になると野生動物の襲撃をさけるために火を燃やして対処しなければならなかったので、翌日に働くにも夜警のための疲労から思うように働けなかったことは既述のとおりである。土地に関しては、ある入植者は与えられた農業用地を活用できず、もてあましてしまい、ついには音を上げ土地を少なくしてくれるように頼んだこともあったが、ほとんどの場合は皆が期待して望んだほどの大きな土地が支給されなかった場合が多かった。また、広大な大地の中にぽつんと置き去りにされてしまうような土地配給を受けた入植者の中には、他の集落から遠いところに留まりたくないと申し出る者もいた。一七四九年から一七五二年の間に三四一頭の牝牛と四九頭の牝馬が引き渡されたと長官の手紙にあるが、耕作に必要な雄牛や馬の不足の問題を解決するには十分であるとは言えなかった。

移住によって新しくできた集落の住民らは、アソーレスに住んでいたときに移住募集の国王の公示にあったように約束事を果たしてほしいと要求するに至ったことは至極当然のことと言わねばならない。長官は入植者の苦情に応対せねばならず、他方、リスボンの王室には聞き入れてもらっても、実際には即時に対処し、改善のためになにかを実行してもらえないという苦境に立たされた。物資が届けられても、わずかな量であったことが認められる。最後の船便で年寄りや体の具合の悪い者が到着すると、最初の便で到着していた貴族やより高い階級の人びとは、植民活動を十分に展開できない新しい入植者たちのためにまで農業をして働く気は毛頭なかった。そして貴族らは不慣れな仕事をしながら、この土地で働くには子どものときから鎌と斧を持って成長した者でなければやっていけないと考え始めた。ブラジルに入植した貴族たちには奴隷を買う金も、日雇い労働者を雇う金もなかった。サンタ・カタリーナの長官はリオ・デ・ジャネイロ長官をとおして先住民の奴隷を送ってくれるように国王に要請したが、結局国王は、現地で問題を解決せよと返答するだけで、その要請を認可するに至らなかった。

入植者らに不満を抱かせる約束の不履行はこれだけでなかった。国王の公示には税務、兵役は免除とあったにもかかわらず、それが免除されていなかった。集落が形成され、村、町の単位として成長していくにつれて、その役所が農業と交易による産物に対して税を払うように要求してくるようになる。また、軍役に関しては王室の入植者移住推進のそもそもの目的はブラジル南部の土地の確保と防衛であったので、サンタ・カタリーナ島の要塞化は決して放棄できない目的として、入植者たちを兵役に就かせるようになる。ここに、絶対王制にある王室の思惑と入植者たちとの希望との差異が表面化したことを問題としておかなければならい。

既述のとおり、ブラジルには入植者とは別に軍が派遣されてはいた。シルヴァ・パエスがサンタ・カタリーナ島に建設した要塞に配備されている軍隊は、六〇人の分隊から構成されて、隊長、中尉、少尉、軍曹などと階級に序され、砲術と陸戦に長けていなければならなかった。この軍隊の人数に不足が出れば、当然入植者から徴集して、要塞以外の軍部で国土防衛のために奉仕する義務も課せられた。一八二二年にサンタ・カタリーナ島にいた旅行者の記録には、「屈強な髭をはやした兵士が沿岸を警備している。自分の家の周りには家族を支えるための菜園もあるし、家畜も飼育している。沿岸を通過する船にそういう自分の産物を与え、代わりに何らかの収入を得て、兵役の少ない給料を補っている」と残されている。旅行者がそこで見た「兵士」というのは、実は現地で徴集され軍服を着せられていた入植者であったことが、この記述からも窺い知ることができる。

入植者らは、自らの手でデステーロ本部教会や要塞の建設、木材の伐採、建築などの公共事業にも従事させられた。それだけでも大変な過剰な労働であるが、それは単に労働時間が長くなったことだけでなく、労働の質的強化も意味していた。アソーレスとは土地が違うので、そのつど新しい農業方法を学ぶ苦労もあった。一七五〇年の長官の書簡によれば、松の木、麻、小麦の種を撒いたが、収穫期に予想外の雨に損害を受けたと入植者らの最初の活動について言及している。この苦労の中で彼等の生活自体が少しずつ変わっていったのである。小麦と同時にマンジオッカも栽培し、食生活も変えた。マンジオッカの粉は豊富にできて、日々の食糧のほかに、リオ・グランデ・ド・スルの兵士にも供給できた。一七五六年当時のサンタ・カタリーナ島ではマンジオッカ、麻、綿の栽培がすでに行われており、ワインもできる葡萄畑もあったと、書簡はリスボンに伝えている。ブラジル沿岸ではアソーレスの伝統の捕鯨に従事する者もいて経済生活も徐々に変化した。アソーレスの生活文化の遺産として漁業のほかに、エスピリト・サントの崇拝、テルセイラ島が起源である一種の無礼講である闘牛、牛追い祭りがある。入植者たちは自分たちの伝統文化を活用しながら、新しい土地での生活を創りあげていったのである。粉挽きの風車、日用、装飾用陶器の製作など、徐々に自らの活動が始められた。これらはリスボン王室の支援で興きた産業ではない。入植者たちが自分たちの力で展開していったものであった。

これまで見てきたようにフェリシアーノ・ヴェーリョ・オルデンベルグの移送で、概数で一〇〇〇人、フランシスコ・デ・ソウザ・ファグンデスの二回の移送でそれぞれ四〇〇〇人と一〇〇〇人が移送され、およそ合計六〇〇〇人がサンタ・カタリーナ島に向かったことになる。サンタ・カタリーナも行政区分に関してカピタニア、プロヴィンシア（県）、エスタード（州）と時代とともに変貌すると、サンタ・カタリーナ島の人口も増加していき、教会を中心とした村は大きくなり、分離、独立して、さらに多くの村が形成されていくと、南部のリオ・グランデ・デ・サン・ペドロ（現在のリオ・グランデ・ド・スル）にもアソーレス村が広がった。初期入植者たちの苦労の末に、ついに植民地は少しずつではあるが、安定・発展の緒についたのである。島には火をおこす薪が少なく、生活が発展すると、大陸側の山岳地帯にも住居を移す必要に迫られた。解決策として一八六〇年には産業の発展とともに国内でのあらたな入植地アンジェリーナが築かれた（Walter F. Piazza. *Angelina : um caso de colonização nacional.* Florianópolis, Universidade Federal de Santa Catarina, 1973. p 230.）。

サンタ・カタリーナ島がスペイン支配下にあった一七七七年から一七七八年の間に主に軍人五二三人が捕虜としてスペイン人に捕らえられ、ブエノス・アイレスやツクマンに強制的に連行された。これが期せずしてブラジル島部からブラジル大陸部への人口移動を促し、それぞれの土地での人口増加に一定の役割をはたした。このように、要因はさまざまであるが、サンタ・カタリーナ島のアソーレスからの人びとによる人口増加は、大陸側に波及し、南部、そして現在のアルゼンチンにまでも拡張した。

歴史はときに皮肉な展開を見せる。リスボンのポルトガル王室の積極的な移住政策で推し進められたブラジル植民活動が、ポルトガル側の人口減少を理由にやめる日がきたのである。国境線問題と人口過剰と食糧危機を同時に解決するための大規模移住が実現されたアソーレス諸島で人口が減り始めたのである。中でも特にテルセイラ島の人口減少と農業従事者の甚だしい不足に直面し、国王ドン・ジョゼーは一七五八年七月四日に命令を出し、正当な理由なしに出国することを禁止したのだ。アソーレスからのサンタ・カタリーナ島への大移動から生じたアソーレス内部の別の人口問題、すなわちアソーレスの過疎化が生じたのだった。

一方、ポルトガルのブラジル南部でのスペインに対抗するための植民地政策は一定の成功をおさめた。大規模計画を実行に移すには莫大な時間と費用がかかったが、サンタ・カタリーナの地において人口を増やし、農業を発展させ、要塞を建設してきた。ポルトガルは建国以来、貴族商人の活動によって国を富ませてきたが、アフリカ沿岸、その後インド地方からの莫大な富でもって、ブラジルに植民する経費もまかなえた。

トルデシーリャス条約により、スペインと穏便に地球を分割したはずだが、ブラジルの国境線は、当時の科学技術では曖昧だった。必要があればブラジルにおいてスペインとの交戦も辞さないためにもアソーレスの人びとを軍人として入植させた。スペインはメキシコに力をいれていたものの、ラ・プラタ川のあたりの国境については、ポルトガルと不穏な雰囲気があった。そのような国際的環境の中にあって、ブラジルの領土を保全するためにスペインに対抗することができるほどの国力と命令が行き渡る体制が当時のポルトガルにはあったと言うことができる。

このブラジル南部の植民地政策の根本には、このようにスペインに対抗するという軍事的側面が重きをなす政策であったのである。船の手配、航海、入植、開拓そして要所の要塞化などは、どれをとっても軍の動員があってはじめて実現したことであり、これはまさにポルトガル王室の意図するところであった。

アソーレスからの入植が行われている最中、すなわち一七五〇年のこと、ポルトガルはスペインとマドリード条約を締結し、西部の植民都市コロニア・ド・サクラメントを放棄する代わりに、トルデシーリャス条約によってひかれた境界線を越えて、領土の領有ができるようになった。これで現在のブラジル領にほぼ近いものが確定している。言うまでもなく、リスボンの王室はトルデシーリャス条約を超えたブラジルのスペイン領に興味をもっていた。男性はほとんど軍人に編入させて、アソーレスから約六〇〇〇人をブラジル南部に移住させるという圧倒的に壮大な国策でもって、勝ち得たものであった。

そして、その歴史の舞台裏にはアソーレス人の苦悩の悲劇もあった。しかし、ポルトガルの植民政策は、海外派兵なしには実現できないものであった。

第二部　サンタ・カタリーナ島とその州の歴史

序　章

ブラジル南部に位置するサンタ・カタリーナ州は、パラナー州とリオ・グランデ・ド・スル州の間に位置し、九万五四四二平方キロの面積がある。沿岸部、平野と山地においては、そこに住む人も景観も異なっている。一五世紀後半の大航海時代に「新大陸発見」後コロンブスがスペインに帰ってから、スペインはアメリカ大陸に興味を持ち始めた。一方ポルトガルはヴァスコ・ダ・ガマの海路でのインド到着後、カブラルが率いる艦隊が南大西洋を偵察してブラジルを発見するに至った。その後、ポルトガルは一五〇一年と一五〇三年に艦隊を派遣して北東部から南部までのブラジル沿岸を調査しているが、その際、サンタ・カタリーナ島まで到達したのかは定かではない。

一五〇四年、フランス船がヨーロッパの船として初めてサンタ・カタリーナ州の沿岸に達したとされている。それ以降、ヨーロッパからブラジルへの航海者は後を絶たない。さまざまな探検隊たちがブラジルに渡り、足跡を残すことになる。これはもちろんブラジルの先住民にとっては侵略の歴史なのだが、ヨーロッパは積極的に海外に拠点をつくることをやめようとはしなかった。ではその歴史はどのように進んだのかを、ここではサンタ・カタリーナ州に視点を定め、ポルトガル、スペインの動きと結びつけながら具体的に見てみよう。もちろん、第一部で見た、サンタ・カタリーナ島へのアソーレスからの集団入植があったからこそ、現在のサンタ・カタリーナの発展があることを前提とする。

一五一四年、ポルトガルの航海者ヌノ・マヌエルはブラジル南部を航海した。一五一二年にスペイン国王から派遣されたソリスはブラジル南部を航海し、ラ・プラタ川に到達した。その報告をもってスペインに帰国すると、ソリスは王国最大航海者の称号を受けて、再び航海に出発することになった。一五一五年、ソリスはスペインを出発し、四カ月後にラ・プラタ川に到達したが、先住民との争いでソリスは死亡し探検は失敗に終わった。この探検の生存者はその後スペインへ帰国したが、その帰路において一隻の船がサンタ・カタリーナ島を通過したあたりで遭難した。その遭難した船の乗組員のうち、一一人は助かり、サンタ・カタリーナ島の住民と一緒に生活することになった。この一一人の生存者こそ、サンタ・カタリーナ島の住民となった最初のヨーロッパ人であり、奥地にまで探検を続けた最初の開拓者であった。その一人はアレイショ・ガルシアで、彼は先住民に助けられサンタ・カタリーナ島に住み、一五二四年にはウルグアイの地域までにも到達した。

一五二一年から一五二七年にかけてポルトガルの航海者クリストヴァン・ジャッケスがサンタ・カタリーナの沿岸に滞在し、ラ・プタラ川に達した。一五二五年にはスペインの探検艦隊の一隻がサンタ・カタリーナの沿岸で座礁している。一五二六年、セバスティアン・カボトが指揮したスペイン艦隊は太平洋を目指していたとき、サンタ・カタリーナ島に到着した。一説によればセバスティアン・カボトの妻の名前がカタリーナ・メドラノであったことからその島がサンタ・カタリーナと名付けられるようになったと言われている。このように座礁や上陸を重ねるうちにサンタ・カタリーナ島は航海者に広く知れ渡り、この地の港としての利用を求められるようになったのも自然な流れだったのかも知れない。ほどなくして島は港湾設備が整えられるようになった。

サンタ・カタリーナ島はこの付近では稀有な良港であり、南大西洋を航行する船舶の補給地点となった。大西洋から太平洋に出る前の最後の安全に休息できる地点であったので、国籍に関係なくさまざまな船の集うところになったのは何も不思議なことではなかった。

第一章　先住民が住む大自然の島

一五〇〇年にブラジルを「発見」したペドロ・アルヴァレス・カブラルの艦隊の書記官ペロ・ヴァス・デ・カミーニャは、先住民について多くの記述を国王マヌエル一世に送っている。それには、先住民の習慣についての報告以外に、ポルトガル人との接触が容易であることの報告や、教化するために宣教師の派遣が必要であるという提言などが見られる。以後、続く沿岸の探検は、先住民について多くの情報をもたらした。

サンタ・カタリーナ州の沿岸部もまた先住民が住んでいた。当然ヨーロッパ人たちとの交流も始まることとなった。サン・フランシスコ島にフランス艦隊の司令官ビノーが滞在し、さまざまな接触の後にそこの首長の息子はフランスを訪問することになった。

サンタ・カタリーナ島も海に面した地域とラグーナの一帯には人が住んでいた。ヨーロッパ人にはカリジョーと呼ばれたトゥピー・ガラニーという先住民の一グループであった。このグループは農業を営む定住型文化をもち、漁業をその生活の基盤としていた。ヨーロッパ人が到着したとき当初は大歓迎し、敵対行為もみせなかった。船が難破した後に、乗組員がサンタ・カタリーナ島で生き延びられたのも、またアレイショ・ガルシアがそこから奥地探検に出発できたのも奥地までの行程の知識をもっていた先住民の協力があったからこそ実現できたものであった。

では、そこの先住民はどんな歴史をもつ人びとであったのだろうか。実は意外なことにトゥピー・ガラニーもまたブラジルにもとからいたのではなく、古い時代の渡来者の子孫であったのだ。彼等はアメリカ先住民ではなく、ベーリング海峡や太平洋の島々を渡ってきたアジア出身の祖先をもつ人びとであり、漁業・狩猟・採集をしながら新たな収穫を求めて居場所を転々としていた。その人びとはブラジル南部にはラ・プラタ川やその支流から入ってきて、サンタ・カタリーナの領域にはウルグアイ川から来たとされ、川の周辺には約八〇〇〇年前の人の集落の遺跡がある。サンタ・カタリーナ島には約五〇〇〇年前から人が住み始めたとされている。

その当時の人たちは石や骨でできた道具、陶器を使い、焚き火の跡や、岩に彫刻跡などを残しており、貝塚が発見されたことから貝類を食べていたことが判明している。このように、すでにブラジルで長い歴史をもっていた先住民たちの生活は、ヨーロッパ人らの上陸・定住を迎えることによって一変する。ヨーロッパ人と接触するようになってから、風邪・はしか・天然痘・肺炎などのヨーロッパからもたらされた病気に感染するようになった。ヨーロッパ人には免疫や薬があっても先住民にはなく、疫病として蔓延して多くの人が死亡した。サンタ・カタリーナ島のカリジョー族はスペイン、ポルトガルのイエズス会宣教師に助けられて存続し、一六世紀にはそこを訪れる船に新鮮な食糧や水を補給したり、弓矢で動物を捕獲して船員に肉を食べさせたりしたのだが、最後にはそこに入植したヨーロッパ人の奴隷にされてしまった。

第二章　スペインとポルトガルとサンタ・カタリーナ島

アメリカが「発見」されると、スペインは当時のローマ教皇アレクサンドレ六世に「発見」されたすべての土地をスペイン王室のものと認めさせるように承認させた。当時は地球上の主権は神から授かったものであるので、ローマ教皇に国家間の争いを解決する権限があるとされていたのである。一四九三年五月四日のローマ教皇アレクサンドレ六世の大勅書によって、新しく発見された土地はスペインのものになると公式に声明が出されるに至った。そうなると、アフリカ沿岸などをすでに「発見」していたポルトガルが黙っているはずがなく、懸命なまき返しを図り、ローマ教皇に働きかける。一四九三年九月二六日に新たな大勅書を発布し、多少はポルトガルの権利に留保を設ける修正的条文をくわえるに至ったが、ポルトガルはそれを受け入れなかった。したがって、ポルトガルはスペインと独自に外交交渉を重ね、一九四九年六月七日トルデシーリャス条約が結ばれた。カボ・ヴェルデ諸島から三七〇レグア西に南北の線が引かれ地球を二分割して、その西側のすでに「発見」された土地とこれから発見される土地はスペインに属することが決められたのだ。したがってその経線の東側の土地はポルトガルに帰属することになった。このときの使われた尺度であるレグアは現代の感覚からすると妙なスケールで、陸と海とではその長さを変えるという変則的な尺度であった。一レグアは陸上で六〇〇〇メートル、海上で五三五七メートルに相当する。これは少なくない差であるが、ではこの条約で示されているレグアは陸と海のどちらでの尺度であるかが重要になってくるはずなのだが、実はこれについても当時はどちらとも決められていなかったのである。

トルデシーリャス条約の経線はブラジルのベレンやサンタ・カタリーナのラグーナのあたりを通過することになるが、当時はカボ・ヴェルデ諸島のどこの島から計るのかなど、その精密な測定ができたわけではなく、結果としてあちこちで解釈が違っていた。スペインはサンタ・カタリーナ島とその陸側はスペインに帰属するものであると思っていたので、早くからサンタ・カタリーナ島を通過する船の給水地点としていた。

ポルトガルはブラジルをカピタニア制（分割統治制度）で分割するとき、その問題となるサンタ・カタリーナ島をサンタナのカピタニアに組み入れ、ペロ・デ・ソウザが長官となったので、当然のごとくサンタ・カタリーナ島はポルトガルのものであると考えていた。

スペインはペルーに影響力を強めるためにラ・プラタ川の開発に全力を挙げて、南アメリカ全土に通じる道としようとしていた。また南米の太平洋側に勢力を確立しつつあったスペインには南大西洋に基地を設置することが望まれたので、サンタ・カタリーナ島とラ・プタラ川は、そこを通じてペルー、パラグアイ、ボリビアに突き進むことができる戦略上非常に重要な地点とみなされるようになった。

サンタ・カタリーナ島を自分たちの領域にあるとみなしたスペインはその島の長官としてカベサ・

デ・ヴァカを任命し、一五四一年にサンタ・カタリーナ島に派遣した。しかし、船の故障などの理由により当初、目的としていたブラジルの確保という領土獲得を達成することができず、ただやみくもに南米奥地に進み、探検をするにとどまった。

先住民の案内で内陸部へと進み、現在のジョインヴィーレの近くからマール山脈を登り、イグアスを渡り、一五四二年にアセンション諸島に着いた。しかし、この事態にも挫けず、スペインはブラジルに領土的野心をもち続けた。

一六世紀にも、スペインはサンタ・カタリーナ沿岸に多くの探検部隊を派遣した。一五四九年、植民地リーダーとして送り込まれたファン・デ・サラザール・イ・スピノサがサン・フランシスコの付近から植民を始めようとしたが、実現しなかった。一五七二年、ファン・オルティス・デ・ザラテがサンタ・カタリーナ島にいたとき、ラ・プラタ川探検を計画実行したのであるが、彼はそこの先住民を強引に服従させようとし、反抗に遭い、その報復として補給を絶たれるに至った。

このためもあり、結局スペインのブラジル支配は思うようにいかなかった。もっとも一五八〇年、ポルトガル国王セバスティアンがモロッコのアルカーセル・キビールの戦いで行方不明になると、スペイン国王フェリペ二世がポルトガル国王を兼任するようになったとき、当然サンタ・カタリーナ島の帰属問題はなくなったが、その六〇年後にポルトガルが独立したときから問題が再燃したことを付け加えておかなければならない。

＊

以上の経緯は、その後のブラジルの歴史を理解するうえで重要な出来事であった。多少、反復になるがこの流れをここでもう一度、簡単に整理してみよう。そこにはブラジルの歴史を決める重要な要素があることが改めて深く理解できるからである。

南大西洋を航海し、マゼラン海峡を通過して太平洋に出るには、サン・フランシスコ、サンタ・カタリーナ島、ラグーナの港は補給地として最適であったが、トルデシーリャス条約によってヨーロッパ域外の海外領土が東西に分割されたものの、それでも結局、この島がスペインかポルトガルかどちら側に帰属するものかは明確でなかった。

一六世紀における遭難者、逃亡者、一時的寄航の船員などは、先住民とわずかなときを過ごし、船の修繕や体調の回復などの条件がそろえばまた出発していったいわば一時滞在者にすぎず、まだ本格的な組織的入植は始まっていなかった。スペインが南ブラジルにおけるポルトガルの利権を抑えようとする試みは、一五八〇年のスペイン国王によるポルトガル国王兼任という形で一時的に解消されたが、この時期より、本格的にサンタ・カタリーナ島の先住民であるカリジョー族を教化するためにイエズス会宣教師らが活動し始めた。

一六〇五年、ジョアン・ロバト、ジェロニモ・ロドリゲスの二人の宣教師はラグーナに二年間住み着いた。一六一八年にも、ジョアン・フェルナンデス・ガトとジョアン・デ・アルメイダの二人の宣教師が再びそこで宣教活動を始めたが、病にかかり、リオ・デ・ジャネイロに帰るに至った。一六二二年には、すでにブラジル南部をよく知っていた宣教師のアントニオ・アラウジョとジョアン・デ・アルメイダが教化のために滞在した。このように継続的に布教を続けてきたイエズス会であったが、一六四五年、イエズス会による先住民保護がポルトガルによるブラジル南部の植民と開発を妨げているとみなされたために、結局宣教師らの活動は縮小されなければならなかった。

宣教師たちの影響力をある程度まで抑えこむことに成功したヨーロッパ人たちの狙いは、先住民の奴隷化でもあった。先住民を奴隷として捕らえ、売買で利益をあげるという非人道的な商売が盛んになったのは、これ以降のことである。サン・ヴィセンテやバイーアの市場での売買取引目的の奴隷狩りにサン・パウロからブラジル南部にやって来た人たちがサンタ・カタリーナ沿岸に定住し始めた。そのような経緯の中で一六五八年、入植者マノエル・ロウレンソ・デ・アンドラーデはすべての親族と奴隷を従えてすでに行ったことのあるサン・フランシスコの島に土地を得て居住した。彼はそこで旺盛な開拓事業で入植者として成功し、土地の人口増加に大きな役割を果たした。そこには礼拝堂もあり、入植者にはいい開拓地となった。その中心にはアンドラーデの活動があり、彼は地元では欠かせない名士となった。後には同地の発展に尽くしたことが認められ全権大使・長官であるカピタン・モールの称号を得るまでになる。一六六〇年、その集落は村から町に格上げされた。

この他にもさまざまな入植例があった。たとえば父と一緒に先住民捕獲に行ったことがあるので南部地方全域をすでに知っていたフランシスコ・ディアス・ヴェーリョに土地が与えられ、彼がサンタ・カタリーナ島に住むことになると、他にも多くの者が寄り集まって住むように支援をし、奨励をしたというケースもあった。しかしこの入植活動は結局、頓挫してしまう。一六七三年から一六七五年頃にかけてフランシスコ・ディアス・ヴェーリョはサンタ・カタリーナ島に入植者を招き始めたとされているが、その初期において襲撃してくる海賊たちと戦わなければならなかった。ヴェーリョはこれをよく撃退したものの、確執が深まり、結局海賊の報復によってフランシスコ・ディアス・ヴェーリョが殺されてしまい、入植は思うように進まず、ほとんどの入植者もサン・パウロに戻ってしまった。この経緯はすでの本書第一部で触れたとおりである。

一六七六年、ドミンゴス・デ・ブリト・ペイショットがサン・ヴィセンテから出発し、南部を探検しながらひとつの集落をつくり、ラグーナ一帯に住もうと試みた。多くの困難があったが、一六八四年ドミンゴス・デ・ブリト・ペイショットは家族を引き連れてラグーナでの定住を始め、そこからリオ・グランデ・ド・スルの攻略を目指した。

これらの経緯から、ポルトガルのサン・フランシスコやサンタ・カタリーナ島などにおける一連の入植は、ブラジル南部を攻略する基盤をつくる目的であったとみなせる。また先住民を捕獲し、金や銀鉱を発見する目的でサン・パウロ人は南部にやってきたこともすでに見たとおりだ。一六四〇年には、スペイン国王がポルトガルも兼任するという異常事態から脱却し、再び独立を回復すると、ポルトガルはブラジル南部征服のために本格的に力を入れ始めた。それからブラジルをめぐるポルトガルの動向はスペインにとって目を離すことのできない重要事項として、常に政治的課題として意識されることになった。

一六八〇年、ポルトガル国王の命令によってブエノス・アイレスの近くに要塞都市コロニア・ド・サクラメントをマヌエル・ロボが建設し、南米におけるスペイン勢力に対抗した。サンタ・カタリーナ島は戦略的重要性をさらに強め、防御施設の建設も検討され始めた。一七三九年には旅団長ジョゼー・ダ・シルヴァ・パエスが軍の司令官、サンタ・カタリーナ長官として派遣され、戦争が勃発すれば対応できるような大規模な植民の時代が始まったこともすでに第一部で見たとおりであるが、この大きな国家戦略の転換こそが、後のブラジルの運命を決めることになった。

第三章　入植

ブラジル植民史において、金鉱の発掘と都市の発展は密接に結びついており、ミナス・ジェライス州の開拓史はその顕著な例である。この州では金鉱採掘は順調にすすんだ。豊かな金脈も手に入れ、採掘には大きな問題はなかった。しかし、ここで採れた金を輸送するための社会基盤の整備は大きな課題として残されていたので、一八世紀には金鉱から採掘した金を運び出すために交通網が整備されなければならなかった。これで金輸送ルートが確立されることになるのだが、この交通網の整備はブラジル内地での交通・通商を促すという副産物も生んだ。道路が整備されたおかげで、陸上交易はすすみ、新しい商品への需要ものび、住民のための新しい供給システムが望まれるようにもなった。そこでトロペイロと呼ばれる荷馬（ラバ）車隊が登場し、農場、村、町などを駆け巡り始めた。トロペイロは商品価値のあるものは何でも売買し、同時に手紙なども配送することになった。

サン・パウロの人びとは、南部のリオ・グランデ地方で飼い主がいない動物や、放たれた家畜を得て、輸送手段が必要となったミナス・ジェライス地方で主に活動するトロペイロに売ればよい商売になると目をつけた。ラグーナ沿岸で家畜を得て、そこから船でサン・ヴィセンテやサン・パウロに船で運んだり、なかには干し肉に加工して食肉商品の販売にまでのりだす者も現れた。

一七二八年、フランシスコ・デ・ソウザ・ファリアはアランガ川の上流に向かって存在する森林の中に道を切り開き、ラジェスに達する道路網をつくりだした。このルートは内陸地帯の大動脈となりうるもので、そこからクリチバやサン・パウロに向かえたので、リオ・グランデ地方で捕獲された家畜は船でなく陸路で直接サン・パウロに運ばれるようにもなった。このようにして陸路が開拓されたことにより商人は船賃や仲介料を払う必要がなくなり、サン・パウロのソロカバの街の市ではより安値で商品の取引がされるようにもなった。

そうすると、貿易中継点の港として栄えたラグーナは陸路の発展とともに衰退し始めるのだが、ブラジル領域内での家畜の売買は続く二世紀に亘り繁栄し、リオ・グランデからサン・パウロに向かう荷馬車隊の通過点には休憩地点も現れ、ラジェスには多くの定住者が現れるようになった。一八世紀にはリオ・グランデはミナス・ジェライスへの商業中継地であるサン・パウロの市場に向けての家畜の最大の供給地となった。この通商ルートの新しい発展はブラジルの歴史をも変えていったのである。商業地や人口集中地ブラジル内に広がり、ひとつの経済圏として自立した市場性をも備えるようになっていったのである。

海上輸送はその後ももちろん続いていたし、港湾の存在はブラジルにとって重要なものであったが、陸上交易の発展はもはや不可逆な段階にまで到達していた。これによりブラジルはヨーロッパから一方的に人口や資金を投入される開発地である段階を脱し、独自で発展してゆく潜在能力を獲得できたのである。この変化を理解するために、国家規模の経済収支表を例示するのも有効であるが、ここではあくまで入植者たちが当時実際に体感できた事柄に注目して、社会変化を例示したい。

トロペイロは、いわば陸上の船団のごとくブラジル各地に商品を届けさせるようになっていった。

そのような状況の中、サン・パウロの長官が荷馬車隊の街道沿いにひとつの村を建設することに決めた。それを受けて、貴族のアントニオ・コレア・ピントがラジェスに向かい、一七六六年にはタイパスと呼ばれるところに住みながら集落を立ち上げた。続いて一七七一年、ノッサ・セニョーラ・ドス・プラゼーレス・デ・ラジェス村を正式に建設し、サンタ・カタリーナの沿岸部から少し離れたところの植民の礎となるに至った。一八二〇年、ポルトガル国王はラジェスの集落をサンタ・カタリーナの行政区に入れた。アントニオ・コレア・ピントが建設した村は、荷馬車隊の通過点としての存在意義を徐々に帯びるようになり、経済の発展と並行して人口も増加していった。やがて、農園もつくられ、ラジェス村は道路と共に西域への入植を刺激する村へと発展した。サンタ・カタリーナ島の町デステーロ（現在のフロリアノーポリス）とラジェスの村を結ぶ道は一七八八年に開通した。

これは当時の様子を物語る小さな歴史ではあるが、同じような出来事が当時のブラジル各地でおこっていたのだ。ここにはもはや遠くリスボンにあるポルトガル王室の意図とは直接的には関係のない、自立した経済社会の萌芽を見ることもできるのである。

先住民の貢献

さて、いままで随所で触れてきたが、ヨーロッパからの入植を迎えたブラジルには、もちろん多くの先住民も存在していた。先住民たちもブラジルの歴史を担ってきた人びとであるが、ヨーロッパ各地からの植民を受け、その生活は一変する。さまざまな経緯や、地域による細かい差異はあるものの、全体としてみれば、ブラジルでは先住民はポルトガル人の奴隷とされ、さらに他地域からブラジルへと連行された新しい奴隷たちも加わり、農業活動の中核をなす労働力とされてしまった。ヨーロッパ人たちのこれらの行為によってブラジルの人間社会はふたつに分かれてしまった。

サンタ・カタリーナ島の先住民はイエズス会によって教化され、宣教師らによって新しいキリスト教徒信徒として守られたが、多くはサン・パウロの奴隷市場に連れて行かれた。ポルトガル人と言葉も文化も違う先住民はその仕事において大きな苦労があった。この惨状を見かねたイエズス会は先住民が非人道的な取り扱いを受けていると再三非難の声をあげた。ポルトガル王室もさすがにその抗議を無視できなくなるに至り、ブラジル先住民の奴隷化を手控えざるを得なくなった。ただブラジル開拓での労働力の必要性は変わらなかったことから、王室はさらに新しい非人道的行為に手を染めるのである。すなわちアフリカ沿岸から奴隷の輸入が始められたのである。アフリカでの頻繁な戦争の後、敗者は勝者の奴隷となっていたことからポルトガル人の間では早くからその労働力が知られていたのだ。ポルトガルが北アフリカを攻略したときからアフリカ人の奴隷化はポルトガル人の間で広まっていた。一五五〇年にはブラジルに最初の黒人奴隷がもたらされた。

現在はフロリアノーポリスと呼ばれるデスーテロ、サン・フランシスコ、ラグーナに入植が試みられたときは、先住民とアフリカから連れてこられた人びともそこに入植した。ポルトガル人男性は黒人の先住民女性やアフリカの女性とは性的関係においても違和感がなく、それゆえに混血の子孫を残し、ポルトガルの言葉と文化が定着した。ブラジル南部では、ブラジル北東部であったような砂糖生産のための大規模な搾取が奴隷に対して行われなかった。ヨーロッパ市場に輸出できるほどの産物がなかったので、当地での消費程度のための労働が要求されただけだったのである。

第四章　スペインのサンタ・カタリーナ島侵攻

一六四〇年、ポルトガルがスペイン国王の兼任の体制から独立すると、当然、ブラジル領有をめぐり両国の対立も再燃することになる。独立回復後のポルトガルはさっそくブラジル南部の領有権を確固とするように努めた。前述のサンタ・カタリーナ島に要塞を建設することはその一環であったのである。

当時ブラジルで産出した金はイギリスに持って行かれていたので、ポルトガルとイギリス両国の関心事は金の採掘と輸送の確保にあった。ポルトガルはリオ・グランデとウルグアイ地域にある金の陸上輸送をしてブラジルの港まで運ぶのに必要な馬などの動物を管理、確保しなければならなかった。スペインはそのことをよく理解しており、領土的野心はいまだあきらめていなかったものの、当座の利益を求めて金鉱労働に携わるポルトガル人に必要な馬などを売るという効率のいい商売に着手していたのであるが、ポルトガル側も負けずに行動に出て、スペイン人が売ろうとする前にポルトガル人はその馬をはじめとする動物を頻繁に盗んでいた。

このような状況にあった一七七五年から一七七六年にかけて、ポルトガルとスペインの間でのブラジル南部における国境争いが始まろうとしていた。リオ、ペルナンブーコ、リスボンからサンタ・カタリーナ島を通過してリオ・グランデに行く軍隊の活動が活発になり、ラグーナには武器弾薬庫が建設された。サンタ・カタリーナ島には、ラ・プタタ地方に通じる地点としての戦略的重要性があったので、ポルトガルはリオ・グランデ・ド・スル、コロニア・ド・サクラメント、サントス、リオ・デ・ジャネイロ、バイーアと同様にサンタ・カタリーナ島にも要塞を建設して自らの土地を防御しようと試みていた。

一七七七年二月二三日、ブエノス・アイレス総督ペドロ・デ・セヴァリョス率いるスペイン軍はカナスヴィエイラの海岸に上陸し、容易にサンタ・カタリーナ島を占領したことにより、要塞の存在の無能性を露呈した。実はこのペドロ・デ・セヴァリョス一行の船はそれ以前の一七五六年八月、スペインからブエノス・アイレスに行く途中、サンタ・カタリーナ島に寄っている。船舶の修理のために二カ月間留まっていたのである。その船の書記官の記録が今日まで残っているが、その大部分は航海中の地理、気候、天気、風の向きなどについてであった。このとき、サンタ・カタリーナ島へ寄ったのは一般的に偶然であるとされている。艦隊は船と船の間の距離を接近させる状態でかなりまとまって航海を続けていた。早く走りすぎた船は帆をさげて、後続の遅い船を待たなければならない航行の仕方であった。そのような方法で進んでいた艦隊はブラジル沖で強い嵐に遭ったが、旗艦だけは修理を要するにもかかわらず司令官セヴァリョスの意向もあって、そのままブエノス・アイレスに直行しようとした。しかし、乗組員や部下が修理なしで航行を続けることは危険と判断し、セヴァリョスを説得し、リオ・デ・ジャネイロもしくはサンタ・カタリーナ島の沖あたりに停泊し、船の修理をすることを決めたのだ。修理のためだけでなく、乗組み員も疲労しており病気の者もいたので、もしも同じような嵐に遭遇すれば、持ちこたえられない状態にあったので、そのための休息も兼ねていた。そのときのセヴァリョスの思いは次のようであった。「サンタ・カタリーナ島のカナスヴィエイラ海岸は戦略地理的に最も弱く攻撃を受けやすい地点だ」。

ところで、セヴァリョスの軍事活動として着目するべきことに、一七六三年から一七七六年まで続いたスペインのリオ・グランデ・デ・サン・ペドロの村の占領がある。そのとき、そこに住んでいた多くのアソーレスから入植してきた夫婦はサンタ・カタリーナの沿岸に逃げなければならなかった。スペイン人が英雄と考えるセヴァリョスのイメージは、アソーレス人やポルトガル人にとっては恐怖するものであったと言われている。また、セヴァリョスが率いる軍隊は占領した土地の住民の首を斬るという噂も広まっていたので、村の住民は家も土地も捨てて逃げた。しかし、実際は略奪や処刑行為は行われず、セヴァリョスからの命令違反者には厳罰を処すると明言し、住民の生命の安全を保証し、奴隷も解放するなどの処置をとるとのことで、避難していた住民は次第にもとの村に戻っていった。

そしてセヴァリョスはサンタ・カタリーナ島を一七七七年二月二三日から一七七八年六月三一日まで占領した。サンタ・カタリーナ島の要塞のポルトガル側の防御担当者がスペイン艦隊を島の北部に確認するや否や、急迫した侵略についてどう対処するか内部で協議をし始めた。島の当局は北部にあるポンタ・グロッサ要塞は侵略に抗するには軍備が不十分であるとして、降伏もしくはリオ・グランデ・ド・スルに駐留するポルトガル軍に合流することを考えた。検討の末、結局、降伏することになり、スペイン軍に抵抗することもなく戦略的重要な地点であるサンタ・カタリーナ島に上陸を許してしまった。ポルトガル王室にとっては、何の抵抗もなく占領されてしまったことは大きな不名誉であり、島の総司令官を厳罰に処するように命じた。ほとんどの防御担当者は終身刑を宣告されたが一〇年後には恩赦で釈放されている。

一七七七年、まだサンタ・カタリーナ島がスペインの占領下にあるなかで、サント・イルデフォンソ条約が締結される。これによって平和的に島がポルトガルに返還されることが決まったのだが、実際にそれが実現したのは一七七八年になってからのことであった。一年四カ月の間、サンタ・カタリーナ島はスペイン支配下にあったが、その痕跡は何も残されていない。セヴァリョスはその間島に住み、そこから本来の目的であったリオ・グランデ攻略に向けて出発したが、途中で嵐に遭い、艦隊の船に損傷が出たため、結局諦めなければならなかったのだ。

一七七七年二月、スペイン人ペドロ・デ・セヴァリョス司令官は一発の弾を発することなく、何の抵抗にも遭わずサンタ・カタリーナ島を占領した。結局、スペイン側もこの占領から大きな成果をあげることはできなかったかのように一見思えるが、これによって期せずしてポルトガルの国力がブラジルでは不十分であることが証明されてしまったのである。従来から敵対国として警戒していたはずのスペインに対して何ら有効な抗戦もできなかったのだから、ポルトガルの政策と対応策が有効的でなかったと言わなければならない。国境線と領土確保競争の時代にあって、サンタ・カタリーナ島の占領のなされたその年にサント・イルデフォンソ条約が締結され、平和的にサンタ・カタリーナ島が返還された早いプロセスから判断して、スペインはポルトガルの防衛能力を探るために一種の賭けをしたと考えられる。

この事件以降、サンタ・カタリーナ島は、微妙で複雑な大国間の政治的かけ引きを生きのび、二一世紀の今日に至るまで大西洋南部を航海途中の船舶の水、食糧補給と、修理のための良好な地点として存在し続けている。

第五章　ポルトガル以外のヨーロッパ諸国からのサンタ・カタリーナへの入植

ここで視点を転じて、ヨーロッパ諸国から見たブラジル像を見てみよう。既述したとおりに、ブラジルはポルトガルとスペインの勢力争いの渦中にあったのだが、そのブラジルがポルトガルから独立すると、ヨーロッパ人たちはこの新しい独立国を移住先としても考えるようになり、それもまたブラジル史に少なからず影響を及ぼすようになったのである。

ブラジルが独立を果たすと、ブラジルは海外からの移民を受け入れ始めた。その移民の多くはドイツとイタリアからであった。ブラジルではコーヒー農園での労働力が必要であり、殊にブラジル南部のリオ・グランデ・ド・スル、サンタ・カタリーナ、パラナーの各州では広大な森林地帯を開墾する人手が必要であった。

一八二四年、最初のドイツ人移民がリオ・グランデ・ド・スルのサン・レオポルドに到着してから、移民の波が止まることはなかった。イタリア人、ポーランド人、ロシア人、レバノン、ギリシャ、アフリカ人など。サンタ・カタリーナには日本の青森からの移民もあり、リンゴの栽培をブラジルにもたらした。サンタ・カタリーナ島にはアソーレス人が、そしてその州の沿岸部と山岳部にはドイツ、イタリア人を中心とする移民が住んだが、その生活は、かつてアソーレス人たちが味わったような苦労の連続であった。熱帯性の気候特有の高湿度、豪雨、またヨーロッパとは違う生態系や、ときには先住民との間でおきるさまざまな問題などにも直面しながらも森林を開発して土地を確保して生き延びることを模索した。

クリチバからポルト・アレグレの近郊一帯の沿岸部と山岳地帯は森林に覆われており一八二四年に入植が始まるまで、ヨーロッパからの人びとは足を踏み入れたことはなかった。山脈地帯ではヨーロッパの人びとと交際したこともない先住民が住んでいたが、奥地の先住民は狩りをしながら移動して生活しているものとヨーロッパ人は思っていたので、いきなり奥地深くに侵入でもしない限りは、彼らは生活の場所を移し、いままでのような狩猟を続け互いに何も問題はないとして心配する者はなかった。ところが、リオ・グランデ、サンタ・カタリーナ、クリチバに続々とヨーロッパの人びとが入植すると、知らないうちに先住民はヨーロッパ人の集落に囲まれてしまうかたちになってしまっていた。先住民はヨーロッパからの入植者たちによって生活圏のほとんどを奪われてしまったのである。

ヨーロッパからの入植者らは農業をしなければならないので、森林を伐採し、土地を耕す。これは先住民にとっては生活の基盤そのものを破壊されるのと同じことであった。先住民はその同じ土地の森林の中で果物、蜂蜜などを採取し、狩猟をして生活していたので、森林の動物、植物、木々は先住民の生存に不可欠であり、それを農業用耕地に変えてしまう入植者の行為は、まさに死活問題になるのであった。

ヨーロッパの白人が木々を伐採し、農作業を始めた当初は、先住民は初めて見る白人が珍しく、接近したりしたが、ヨーロッパからの入植者にとってみれば、先住民の存在は危険と映った。森林の中で先住民に遭遇したりすれば銃を発砲して追い払ってしまうこともしばしばあった。そのような状況の中で入植が進められていくと、当然、入植地に対する先住民の襲撃が始まり、家畜は殺され、耕地は荒らされるなどの、摩擦が表面化した。結果として、ブグレイロ（先住民狩りの人びと）という人びとが出現するに至り、彼等を中心として先住民に対する攻撃が行われ続け、二〇世紀の一九一〇年になって州政府が先住民保護課を創設して先住民が保護されるようになるまで、この殺害行為は持続されてしまうのであった。サンタ・カタリーナではヨーロッパからの入植者と先住民との摩擦が深刻であったので、先住民保護課のイニシアチブのもと、一九一四年、イビラマのヴァーレ・ド・イタジャイーにて和解交渉をして保護区域を実現した。

ドイツ人の到来と摩擦

一八五〇年から一八九〇年にかけてサンタ・カタリーナ地方にドイツ人が移住してきた。この移住にはドイツ国内の経済事情が影響していた。耕作のための土地の不足、手工業の倒産、人口過剰による雇用不足、そして後には一九世紀全般にわたる産業の機械化による経済問題に端を発するものである。さらには政治的、文化的問題からもドイツ人は南米に移住しなければならなかった。

一八五〇年以降、サンタ・カタリーナ地方の北東部と南部と沿岸部から山岳部までのイタジャイー川渓谷にかけてドイツ人入植地が形成された。また、デステーロやラジェスの街にも居を定めた。ブラジルに来たドイツ人のほとんどはより良い生活を求めてやってきた。ドイツでの土地が不足していた者にとっては、ブラジルにおいて大土地所有者になる望みがあった。土地区画の所有は、ドイツ人にとっては食糧、収入、社会的ステータス、独立を意味するものであった。鍛冶屋、家具師、大工、石職人、土地測量士らも自分たちの仕事を得る機会を待っていた。また、ヨーロッパよりも大きな政治や宗教の自由をサンタ・カタリーナの地で求めてくるグループもいた。

ドイツ人移民の希望は多岐に亘ったが、多くは社会的に昇進することであったので、家族のすべての人びとに協力を求めた。大人も子どもも、男も女も、土地を耕し、家畜の世話や井戸水を汲み、種まき、薪割り、農作物を売りに出したり、家具を製作し、家事などの日々の仕事をしなければならなかった。一八六七年の法令により、奴隷の労働力を使用することは禁止されたが、ドイツ人移民の間では散在的に非合法奴隷が使われた。

一八七〇年以降、ブラジルのエリート層は、ヨーロッパからの移民について、良く働き、規律正しいと讃えながらそのさらなる移民拡大を促していた。一方、植民時代からブラジルに住んでいるポルトガル人子孫やアフリカから連れてこられた人びとは怠惰で自発的でないと描写された。支配層にとってみれば、ドイツ、イタリアからの移民は人口のブランケアメント（白人化）に貢献するということであった。これは着目してもいい点である。ヨーロッパ出身者によって形成されたブラジルのエリート層の中には、ブラジルを白人化するという人種差別的理想像が存在していたのであった。

一八五六年、大洪水がサンタ・カタリーナのブルメナウ入植地を襲い、ドイツ移民たちの間にも病気が蔓延した。他民族との緊張、生産物を売ることの困難や、自分たちの領地が広大がなるが故に隣家との距離がヨーロッパでは考えられないほど離れていることに起因する孤立状態や、農作物の収穫不能という数々の困難の果てに、故郷に対する郷愁さえも芽生えて、ドイツ移民たちが希望を失ってしまったことがあった。

ドイツ人の移住に際しての希望であった経済的成功という夢はブラジル経済を成長させる一因となり、ブラジルの資本主義を発展させ、サンタ・カタリーナを活性化させたが、その一方で一八五〇年以前入植のドイツ人や先住民、ポルトガル人、アフリカ人の子孫は単なる協力者とみなされた。すでに見てきたように、一八世紀以降、ポルトガル人はサンタ・カタリーナに入植したが、その多くは後に二つの社会階層を形成するようになった。一つのグループは沿岸地帯にて商業、官僚的仕事に従事するエリート層となり、リオ・デ・ジャネイロから派遣された公務員とともに政治権力を振るった者もいるし、漁業やマンジオッカの栽培に携わった者もいたが、彼らのグループは富裕層となり、社会の実権を握るようになった。もう一つのグループは山岳地帯で牧畜業に従事する者であった。

デステーロなどの沿岸地域に住むインテリ層は、ヨーロッパ式の礼儀正しさや進歩の規範に従ってサンタ・カタリーナ社会を近代化することを望んでいたので、特にドイツ人などの入植者は近代化のために理想の性格を有していると見做され、歓迎され、しばしば過度に賞賛されることもあった。デステーロで刊行された新聞では、ドイツ人は土地に強い愛着をもち、働き者で、資本主義精神が吹き込まれたかのように資本主義の蓄積のために競争すると描かれていた（Santino de Andrade. *Conflitos entre imigrantes de origem germânica e populações luso-brasileiras na província de Santa Catarina a partir de meados do século XIX, nos jornais de Desterro.* Monografia de Especialização em História, Universidade do Vale do Itajaí, 1995.）。

漁業や農業に従事するポルトガル人の子孫は近代化に必要な素質を有していないと改革者たちに見做され、経済、文化的発展の障害でさえあるとされた。さらにはサンタ・カタリーナ地方の指導者らは、摩擦を避けるという名目で、違う民族、宗教の者をそれぞれ離れた地域に住まわせることが望ましいと人種・文化隔離政策さえ主張した。これはもちろん差別政策であるが、これはドイツ移民の実際の信条を反映したものでもあった。ポルトガル人子孫は、アフリカ人子孫をはじめ多くの人びとと共生することができたが、ドイツ人は他の民族と融合することを好まなかった。ドイツ人植民地のあちこちで実際にトラブルも発生していた。一部の先住民がドイツ人が育てた収穫物などを探してドイツ人の家に入り込むという事件も発生し始めたので、ドイツ人は銃を発砲し、先住民はこれに対抗して弓矢をドイツ人に対して放った。先住民と入植者の間の争いや対立はどこの植民地でもおこったことだが、これは植民地支配が生みだす根本的な問題であった。先住民から見れば、入植者こそ侵入者であり、それまでの先住民の生活環境を奪った者なのだが、入植者には自分たちが発達した文化をもち、キリスト教という唯一正しい宗教をもつ文明人であるという思い込みがあった。ドイツ人入植者から見れば、ドイツ人は文明の保有者であり、先住民はセルヴァージェン（未開）の人であった。エリート層にとっては、入植者の区画に出没する先住民は入植地の維持と繁栄を危険に曝す存在でしかなかったので、ドイツ移民たちは強制力をもって先住民らを教化し、集めて村に定住させたり、さらには先住民を遠くの土地に追い払ったりした。一八七〇年代になると、インディオ狩りをする人（ブグレイロ）が活動をし始めるに至った。

サンタ・カタリーナ地方にはポーランド、ドイツ北部、ロシアの地域の人びとがやってきていたが、一九世紀と二〇世紀初頭にかけてこの地域ではドイツのナショナリズムが支配し、その力は州内にとどまらず、全ブラジル国内にも影響を及ぼし始めた。一八五〇年以降にサンタ・カタリーナ地方に入植した白人系移民たちにもその影響が出始め、ドイツ以外の出身地の者でもゲルマン民族の優秀性を認めるハイマート（Heimat）ナショナリズムといわれる偏狭な人種・民族的な思想へと傾注することになった。家庭、祖国を意味するHeimat（ハイマート）というドイツ語はイデオロギーとして流布し、新聞やチラシを通じて広められ、遠くに存在するグループにも一定の影響力を及ぼすようになった。しかし、ハイマートはドイツ語を話し、その文化（Kultur）と精神（Geist）を有しない限りは同じグループと見做されなかった。入植したドイツ人は市民権としてはブラジル人であったが、国籍に関してはドイツ人であり続けた。当時のドイツでは産業革命以降、戦争を通じて、ゲルマン民族至上主義が一般的となっていたのだった。サンタ・カタリーナのドイツ人もその強い影響下にあり、一部のドイツ移民は他民族と結婚した例もあるが、ほとんどは他民族とは結婚せずにドイツ人同士で結婚して子孫を残した。つまり、アイデンティティであるドイツ語を温存できたのであった。商業、政治、学校、教会においてはポルトガル語やイタリア語が許容されたが、家庭においてはドイツ語だけであった。このような生活態度を保持したが故にドイツ人の間で共通の価値観と規範を再生して共有できたのであった。彼らに言わせれば他民族との婚姻はドイツ人の心を放棄する行為に等しく、他民族と結婚した家族は繁栄するにはほど遠いドイツ移民社会の落伍者であった。他民族に対する視線はもっと厳しく、ポルトガル人子孫のブラジル人女性は、家事、子どもの世話、畑仕事もせず、外見を気にせず、働かない。イタリア人、アフリカ系移民、先住民もこれと同じ視線で見られていた（Cristina Scheibe Wolff. *As Mulheres da Colônia de Blumenau. Cotidiano e Trabalho. 1850–1900*. Dissertação de Mestrado em História. PUC, SP, 1991.参照）。ここには、同じブラジル人という意識は微塵も見られない。

ここにもブラジル社会がもつ社会問題の萌芽が見られ、これは今日まで完全に解消されたとは言いきれない難問となっていると言えよう。

ルター主義のドイツ人はサンタ・カタリーナにヨーロッパにあった宗教共同体を建設することを目論んだ。聖職者が宗教儀式を行うための寺院や施設も建てられ、そこでは集会も行われた。牧師らもまた、宗教的精神により民族間の融和を訴えるどころか、宗派主義的な態度を固持し、事あるごとにドイツ人至上主義を口にしていた。しかし、意外なことに、事あるごとに人種的偏見を示し、自分たちの優位性を誇りとしていたドイツ系移民たちがもっていたのはエリート意識ばかりでなく、被差別意識をも併せもっていたのである。当時のブラジルでは出生、婚姻、死亡などの届出や証明書の発行は公式宗教であったカトリック教会が行っていたので、ルター主義ドイツ人の登録時には軋轢もあった。一八二四年憲法にはブラジルに帰化した者で公式宗教の信者でない者は議員職に立候補できないと定められていたので、特にルター主義のドイツ人は差別されたと感じ、サンタ・カタリーナの政治家に対して不信感を抱いていた。ここは注目すべき点である。すべてのドイツ移民が、等しく人種意識をもっていたわけではなく、カトリック信者のドイツ人はブラジル人やアフリカ人と融合はしていた。カトリックのドイツ系移民は民族的にはより融和的ではあったのだ。しかし、ここでも問題がなかったわけではない。カトリックの倫理観をもつ彼等から見ると、他のブラジル人たちはよき信徒に思えなかったのである。ブラジル人男性にとってカトリック教義とは形式的なもので、厳粛な教義とは正反対の生活をしているとドイツ人に指摘され、ドイツ人とブラジル人との間にさらなる距離が生じてしまう結果となってしまった（Raulino Reitz. *Alto Buguaçu. Narrativa cultural tetra-racial.*

Florianópolis. Lunardelli, 1988, p 49.)。

この時期、ブラジルはまだ国としてとても若く、移民たちもまだ出自の文化に深いこだわりをもち、ブラジル国民としてのアイデンティティを確立していなかった。移民どうしの反目や誤解をのりこえることでブラジルは少しずつ国として成長していったのであり、一九世紀のサンタ・カタリーナは、人種間の出会いがあり、摩擦があり、別れもあった舞台であったと言える。

第六章　動乱と近代化

話をもとに戻そう。ポルトガルの植民地であったブラジルが独立したのは、一八二二年であった。その後、君主制が敷かれていたが、この国にも社会の近代化の波が内外から押し寄せ、一八八九年にブラジルにおいて共和制宣言があった。一八九一年にデオドロ・フォンセッカ元帥が大統領に就任するが、すぐに辞職し、副大統領のフロリアノ・ペイショットが選挙を実施する意図もなくあとを継いだ。国内各地でも中央政府への不信は強く、地域によっては他の地域に反発する動きすらあった。一八九三年、リオ・グランデ・スルにて反政府動乱が起きるなど、南部の町でも政府への態度は硬化し、ほとんど南部ブラジルを分離するかの勢いであった。

サンタ・カタリーナでは、リオ・グランデの動向がいつものように飛び火してきており、その運動を支持するか否かの確執があった。中央政権は、国家が分裂しないように当然のごとく対処しなければならなかった。動乱状態にあったサンタ・カタリーナ島のデステーロには政府高官のアントニオ・

モレイラ・セザルが派遣され、知事となり、治安取締りと人心統制に努めた結果、最終的には事態は鎮静化したが、その間におきた数々の小ぜりあい、騒乱のために武力衝突もおき、およそ二〇〇人がアニャトミリン要塞で銃殺された。島にとってこの犠牲者数は少なくなく、事態は鎮静化したというよりも、むしろ鎮圧されたと言うべきであった。このようなアントニオ・モレイラ・セザルの暴政とも受けとめられる行政は、サンタ・カタリーナの人びとに反感を生じさせた。この感情的反目はその後もしばらく続き、その後、一八九四年エルシリオ・ルスが知事に任命されたときには人心の慰撫と融和への努力は重大な課題とすらなっていた。彼は、ただちに首府の名前をデステーロからフロリアノーポリスに変えた。現在ではこの首府名をフロリアノ・ペイショットと関連づける人は少ない。

パラナー州とサンタ・カタリーナ州の境界線問題

ブラジルにおける開発は政策として上から開発がなされる場合と、商売のために人びとによって下から開発が始まる場合の二種類があった。

ブラジル南部沿岸地域の開発はポルトガルの領土拡張政策の一環として進められたのに対し、内陸部、奥地においてはサン・パウロの人びとが家畜商売のための必要性から農場や村をつくった場合が多かった。サン・パウロ管区はリオ・グランデとの境であるウルグアイ川まで延びており、サン・パウロ州知事カスカエス公爵の命によってラジェス村が建設された。一八二〇年、ジョアン六世はラジェス村がサン・パウロから遠いことでサンタ・カタリーナ管区と決定した。

一八五三年、広大なサン・パウロ州の分割がなされ、新たにパラナー州が設置された。サン・パウロの一部であったときは、南部の境界はウルグアイ川まで達していたので、新しくパラナー州となってもウルグアイ川までの境界は維持できるものと思われた。しかし、ラジェス村がサンタ・カタリーナ管区になっていたことから、新たにパラナー州が設置されるのであれば州境も変更するべきであるとの観点から区画変更の提言がなされたために、サンタ・カタリーナ州との間で問題が発生した。問題の地域は約四万八〇〇〇平方キロメートルあり、南北にイグアス川とウルグアイ川があった。

二つの州議会で激しい議論がなされたが結論は出ず、一九〇一年についにサンタ・カタリーナ州は連邦最高裁判所に訴えることになった。一九〇四年七月六日に法廷はサンタ・カタリーナ勝訴の判決を出し、これを不服としたパラナー州は二回の異議申し立てをしたが、一九一〇年七月に判決が確定した。しかしサンタ・カタリーナ州勝訴が法的には確定したものの、州民自身が譲らなかったので具体的措置は何も実施されるに至らなかった。サン・パウロ―リオ・グランデ間の鉄道がフランス企業によって一九〇六年に着工されたときも、二つの州の間での鉄道ルートを巡って問題がおき、それが事態をより一層複雑にしていた。

結局、州境問題に決着がついた。約四万八〇〇〇平方キロメートルの論争の地域について、二〇〇〇平方キロメートルをパラナー州に、残りの二八〇〇〇平方キロメートルをサンタ・カタリーナ州に分割することであった。これを受けてサンタ・カタリーナ州は一九一七年、法律第一一四七条によってマフラ、ポルト・ウニアン、ジョアサバ、シャペコーの行政区をつくり、サンタ・カタリーナ州西部の土地を確定する礎となった。ネグロ川沿いはパラナー州が植民した。州単位で植民、開発をしていくにつれて、先住民の立場というものは軽視された。そのプロセスの中で西部開発は利益競争システムをもたらすことになったのである。

先住民の生存権を蹂躙するという深刻な問題を孕みながらも、サンタ・カタリーナ州は資本主義化に邁進していった。州内ではさまざまな産業・商業が成長していった。ウルグアイ川では氾濫を利用してアルゼンチンに向けて筏を組んで木材を運搬した。養豚とトウモロコシ栽培は食糧産地として西部地域を有名にした。有名な冷蔵庫メーカーは西部からブラジル全土に伸びていった。サン・パウロ―リオ・グランデ鉄道はサンタ・カタリーナ州のポルト・ウニアンとリオ・グランデ・ド・スルのマルセリノ・ラモスの間を走り、商品の輸送に役立つことになり、サンタ・カタリーナ州は確固としたブラジルのひとつの州となった。

近代化に向けて

前述の鉄道工事も完成期を迎えていた。一九〇八年から一九一〇年にかけて、サン・パウロ―リオ・グランデ鉄道がサンタ・カタリーナ州に敷設され、本土とサンタ・カタリーナ島を結ぶエルシリオ・ルス橋は鉄道を通すようにも設計されており、こちらも一九二六年に完成した。この架橋工事は当時南米屈指の大工事で、一九世紀からの鉄鋼技術の象徴となり、交通を便利にし世界的レベルで資本と物流を活性化させることになった。

鉄道の付近には数十の村ができて新たな農産地となり、特にリオ・グランデ・ド・スルなどの移住者の子孫が新たな土地が必要となったときは、鉄道の周りに移動していった。第一次世界大戦から逃れてきたヨーロッパ人もブラジル南部を目指すなど波及効果は絶大であり、サンタ・カタリーナ州に

エルシリオ・ルス橋（写真提供　www.guiafloripa.com.br）。

おいて移動手段が確立できたことによりさまざまな分野で大きな発展がみられた。

トウモロコシ栽培や養豚をつつましく営んでいた者たちも、この好景気をうけて大きな食肉冷凍業者などの大規模輸送を前提とした産業に乗り出したので、徐々に鉄道網も張り巡らされた。荷馬車はトラックに代わり、陸上運送の発達とともにウルグアイ川の氾濫時に木材を運搬した筏は見られなくなった。

エルシリオ・ルス橋の開通により、サンタ・カタリーナ州の大陸側主要都市の道路網とサンタ・カタリーナ島の道路網が直接接続できるようになった。蒸気船が本土の主要都市であるパラナンガー、サントス、リオ・デ・ジャネイロなどとサンタ・カタリーナ島との間を結ぶようにもなった。海運会社の本社が島にでき、定期船が出航するようになった。他の海運会社もフロリアノーポリスの港に寄港していたが、船舶の巨大化にともない船の喫水が大きくなるにつれて、港の浅さが問題となり、新しい港の確保が急務となった。そこで新たにイタジャイー、サン・フランシスコの港が選ばれた。二〇世紀前半には商業航空も始まり、一九二〇年、サンタ・カタリーナ島はブエノス・アイレスとリオ・デ・ジャネイロやヨーロッパの間を飛ぶヨーロッパ航空会社の給油地となった。

一九三〇年頃になると、それまで牧畜が中心のサンタ・カタリーナ州のイタジャイー、ジョインヴィーレ地区では工業化が始まった。サンタ・カタリーナ州南部では石炭採掘が発展し、ラジェス地区の内陸部では木の伐採がなされた。西部では大規模農業が行われた。

このような産業化の波はブラジルに近代的な都市型労働者を生みだすことにもなった。労働現場では労使間の対立や争いなども生じるようになり、労働問題についても社会的関心が集まるようになりだしたのもこの頃である。労働組合、政治組織などは社会主義的革命思想をもって活動しており、彼等の社会主義的な見解の発表の場となり、多くの都市労働者に読まれていたコルーナ・プレステス紙は州西部にて一九二四年から一九二五年まで一年間発刊された。

ブラジル全土に目をむけると、一九三五年当時の各種の思想運動はジェトゥリオ・ヴァルガスの政策によって取り締まりを受けただけでなく、第二次世界大戦勃発もあって統制が強化された。

そのころのサンタ・カタリーナ州では、ドイツやイタリアからの移民が多かったので、その子どもらが学ぶ学校ではヨーロッパで作られた教材がそのまま使用され、その際の教育ではドイツ語やイタリア語が使われていた。一九三七年、州政府はポルトガル語話者とそうでない者の間での分裂の危機があるとして、ポルトガル語を使用しない者を抑圧するようになり、ドイツ語やイタリア語で教育を行う特殊学校は閉鎖され、サンタ・カタリーナの若者は遠く離れたブラジルの他の地方での兵役に就かされた。軍隊の兵営も州のあちこちに設けられ、入営してきた新兵たちにはブラジル国民としての教育がなされ、国内の統一感が強調された。これには当時のヨーロッパ情勢が深くかかわっていた。一九三三年、ドイツでナチスドイツが政権について以降、ブラジルのドイツ移民たちの間にも、ナチスの民族主義に共鳴する者が多く出た。ナチスドイツが標榜するドイツ国外にいるドイツ系移民に対する「民族ドイツ人」という民族的位置づけに呼応する者もおり、ドイツ系ブラジル人がドイツ民族の一部としてのナチスドイツがブラジル南部を支配するのではないかとの危惧があったので、政府の取り締まりは強力なものとなった。それはときにはブラジル政府によるドイツ系自国民への抑圧にもなってしまい、精神的、肉体的苦痛を被った家族は少なくなった。両親の多くは家庭においては出身国の言語を話さないようになり、新たな子どもには自分の苗字を残さないようにせざるを得なかった。一九四五年のヴァルガスの体制が終わるまでは国家の統一を守ることが強調され、それは社会のさまざまなところで抑圧的な影響を及ぼした。前述の公教育や兵役などではもちろんのこと、ごく家庭的な領域にまでこの力は及んだ場合もあった。あるドイツ系移民の家庭などではドイツ語でしか言うことを聞かなかった愛犬に対して、ドイツ語を話しかけることができないという状態であった。ヴァルガス体制下の時代には、サンタ・カタリーナ州はドイツ系移民の入植地というイメージが強くあったので、若者はリオ・デ・ジャネイロの軍警察に徴兵され、「カタリーナ catarina（サンタ・カタリーナ人の意味）」または「ガレーゴ galego（ポルトガル人の意味）」と軽蔑を含んで呼ばれた。ドイツ系の者

沿岸地域（写真提供　www.guiafloripa.com.br）。

にガレーゴというのも妙ではあるが、ここでは非ブラジル的で過度にヨーロッパ的なふるまいをする者という意味で非難していたのである。

一九五〇年代になると、サンタ・カタリーナ州には地下資源などのエネルギーがなく、港や鉄道が存在していても十分整備されてなく、社会的経済基盤に問題があることが表面化した。サンタ・カタリーナ州の発展はあくまでも人的資源や能力の投入によって得られたもので、土地そのものが好条件をもっていたわけではなかった。州内に一部、富裕層がいたことが逆に災いし、本腰をいれての州の近代化が遅れてしまったのである。サンタ・カタリーナ州が大きな計画をもって発展に挑もうとしていたとき、すなわち一九五七年、ジョルジェ・ラセルダ州知事、ネレウ・ラモス共和国議会代議士、レオベルト・レアル州連邦議員が飛行機事故で死亡した。

一九六四年、ゴラール大統領の左傾政策が軍部の反感を強め、ゴラール大統領はウルグアイに亡命した。

そして軍事政権が成立すると、インテリ層、左傾政治家が逮捕され、一九七九年には、抗する者は国外に逃れたり、追放されたりした。サンタ・カタリーナ州では近代化のために開発が急がれる一方で、社会全体の近代化を推進するため、ときとして州民個人の利害や権利・主義などを無視して改革をすすめてしまったために、近代化に抵抗する者もあった。

以上の経過からサンタ・カタリーナ州民のブラジル中央政府への思いは複雑であった。州独自の歴史の中で州民の間にはエリート意識や被害者意識が混在し、政府に対しては反発する意識が生まれていた。一九七九年のフィゲイレド大統領のサンタ・カタリーナ島のフロリアノーポリス訪問時に、訪問に関してサンタ・カタリーナ社会全体が猛反発した。これまでのサンタ・カタリーナ州の形成の歴史と相俟って、いかにそこの人びとが一八世紀に遡るアソーレスからの入植当時から苦難の生活を送り、権力者から苦労を強要され、人生を左右されたのかが理解できる。また、歴史的に圧迫された人間としての当然の抗議、自由解放を願う理由がそこにあると思われる。

第三部　サンタ・カタリーナの文化と文学

第一章　民衆文化

一七四八年にはじめてアソーレスからの人びとがサンタ・カタリーナ島に到着してから、島は発展を続けた。島の首府は、最初はデステーロ、その後フロリアノーポリスと名付けられ、人口も増加し、大きなビル群、道路などを擁しながら国際的大都市となった。都市が近代化し、大きくなっていってもアソーレス人たちは自分たちの宗教観、文化、生活習慣を保持し続け、それを子孫たちにも伝承させていった。他のサンタ・カタリーナの住民たちが多様な文化や民族習慣の混合状態の中で生活しているため、アソーレス人たちの文化の継続性はとくに目をひくものがある。彼等の文化は社会の随所に健在しており、教区など伝統的な意味がある場所や空間に容易に見出すことができる。サント・アントーニオ・デ・リズボア（Santo Antônio de Lisboa）、リベイラン・ダ・イーリャ（Ribeirão da Ilha）、ラゴア・ダ・コンセイサン（Lagoa da Conceição）、リオ・ヴェルメーリョ（Rio Vermelho）、カナスヴィエイラス（Canasvieiras）、ラトネス（Ratones）、カクペー（Cacupé）、サンバキ（Sambaqui）、バーラ・ダ・ラゴア（Barra da Lagoa）、イングレーゼス（Ingleses）、パンタノ・ド・スル（Pântano do Sul）、コスタ・イ・カント・ダ・ラゴア（Costa e Canto da Lagoa）、アラサース（Araçás）、カイエイラ・ダ・バーラ・ド・スル（Caieira da Barra do Sul）などの島部の町には今日もアソーレス文化の強い影響を見てとることができる。

島の伝統文化を保存する取り組みには住民、文化施設、学者などがかかわってきている。有形・無形を問わず、伝統文化を尊重し、維持していくことがフロリアノーポリスを発展させていくことになる。この観点から、一九八九年、ユネスコが伝統・民衆文化保持に取り組み出し、二〇〇〇年八月四日にはブラジル連邦政府は国内に存在する貴重な無形文化財を登録していくという「ブラジル無形文化財プログラム」に乗り出した。首府フロリアノーポリスとその他の街は、サンタ・カタリーナ連邦大学アソーレス研究所やフランクリン・カスカエス財団をはじめ多くの団体や個人との協力関係を築きこの事業に参画した。

文化の根源

入植者としての試練を乗り越えたアソーレス人の子孫は他の文化と融合しながらも、彼らの日常生活の一部を成す文化特性を二一世紀の世代に遺している。彼等の伝統工芸はよく保たれ、今日でも手工業品としてレース編み装飾品、かご、機織、陶芸、網の製作などが連綿として現在まで伝えられている。もちろんこういった有形文化のみならず民俗芸能、民衆文学などにも彼等ならではの特色を残している。しかもそれ以外の日常の振る舞いなどの何気ない所作の中にも彼等の文化は生きている。人が海を見つめること、教区での夕暮れ時の談話、家の窓から顔を出して道を通りすぎる人を見るという時間の過ごし方など、ともすれば何でもないことと見過ごしてしまう毎日の光景の中にこそ、アソーレス人たちの文化が息づいているのである。網を繕い、生計のために海に向かう漁師の仕事ぶりにも、それは見出せる。アソーレスからもたらされた守護神のひとつであるエスピリト・サント（聖霊）などの宗教、民衆的お祭り、キャッサバ粉の製造完成を祝う集い（farinhada）、過激さから禁止されるに至った牛追い祭り（Farra do Boi）、広場でのドミノ遊びやおしゃべり、レースを縫う女性、ザルガイ、ボラを料理する方法、捕鯨用ボート、このような日常に溶け込んで、生活と不可分になっている文化をみつめる目をもっている文学者・芸術家も少なくない。

サンタ・カタリーナ島の文化アイデンティティを保存するために情熱をもって取り組んだ芸術家・作家フランクリン・カスカエス（Franklin Cascaes）と造形芸術家アシス（Hassis）は島の日常生活のルーツをたどり、現在でもまだ繰り返される生活シーンを見出した。特に後者は別の才能を発揮し、自然と共に生きるサンタ・カタリーナの人びとを文学作品『南風』（Vento Sul）で描写している。民衆の言い伝えによると、冬の南風は容易に止むことなく、冷たい南風は三日間続き、風邪をひかないために男は海に行かず、女は家から出ない、という習慣が残っている。

レース編みの女性

サンタ・カタリーナ島の女性には家の中の床に座り、ビボンレースを編むという風習が残っている。これはアソーレスから伝えられたものである。嫁入り道具や装飾のためにさまざまな作品を生産することにより、同時に家計を支えることにも貢献する。ラゴーア・ダ・コンセイサン地区はレース編み女性の土地として有名であり、その編み上げられたビボンレースは一級の工芸品として高い評価を受けている。このレース編みは、詩や音楽などにも芸術品として取り上げられている。

フランクリン・カスカエス財団はこの芸術が存続するようにレース編み工房を支援する努力を惜しまないが、産業としては昨今の機械工業化されたレース編みとの競争には到底勝てるものでなく、手編みの芸術の存続は困難な状態となっている。

農業従事の人びととシャマリッタ伝統音楽

入植の初期の時代にサンタ・カタリーナ島に到着した男たちは、牧畜、農業に携わる入植者であったにもかかわらず、当時の政治的要求から軍隊に編入されなければならなかった。ブラジル南部におけるスペインとポルトガルの領有権争いの最中に、アニャトミリン、サン・ジョゼー・ダ・ポンタ・グロッサなどの海岸や要塞にて軍人として勤務をしなければならなかった。これは軍務に就いた男たちはもちろんのこと、入植者全体に大きな負担となった。というのもこの島はアソーレスの麻、小麦、葡萄などが収穫できる土地ではないし（後にマンジオッカ、コーヒー、綿が耕作された）、入植地での軍務によって小さな耕作地での仕事の時間も十分にないので、家族を支えるために支障が出るなど深刻な問題が内在していたのだ。

しかし、この困難こそがアソーレス人たちが、本当のサンタ・カタリーナ島民として生き始める契機となったのである。彼等は、農作業の改革と生産性向上のための工夫に着手していった。その結果、徐々に農園が形成され、アソーレス人の得意分野であった手回しの粉挽き、麻圧搾機、風車、水車が導入され始めた。これらの技術はサンタ・カタリーナ島の風景を美しくし、家族は夜遅くまでもアソーレスの伝統歌シャマリッタをうたったり、踊ったりしながら一緒に仕事をすることができた。近隣の人びとも手伝い、共働しながら仕事の辛さを和らげ、即興の歌やゲームなどに興じた。貧しいが故の協働体制は、島に新しい共同体をつくりあげ、その中で新しい家族関係も結ばれるようになった。

砂糖キビなどの茎を糖蜜、砂糖、汁などに変えることができるようになり、村々のイメージにも変化が生じた。粉農園の白色の屋根は、野菜の緑色と対照をなし、そこを訪れる外部からの人びとは美しい調和にある自然に魅了された。このような農園は住居を拡張したようなつくりになっており、現在でもビジュ（タピオカの粉で作った菓子）やマンジオッカなどを生産し、島の人びとに供給している農園もあるが、そのいくつかは時間とともに所有者の放棄などによって姿を消したものもある。

共同体のあり方も、特徴ある家屋もすべてがこの島の歴史から生まれたものであり、農園で働く人びとは、サンタ・カタリーナ島における社会・経済的発展に貢献してきたのである。

架空の伝説など

週末、雨が降って漁師たちの仕事ができないときなど、また冬の寒い夜などには家族が集い、昔話などを語り合った。また、水を汲みに泉に行った女性たちは、そこで話しながら長居した。このような、かつてはどこの地域にも見られたであろう人びとの暮らしは、ここサンタ・カタリーナ島にもあった。

昔話を語る場合、その多くは人や場所の名前、状況設定に変更を加えるだけで、話の内容は変わらず、今日までも伝えられている。迷信・伝説・神話の中でも、例えば火のお化けであるボイタター（Boitatá）は有名な話である。このお化けは、丘の上に現れ、大きな火の玉になってあちこち転げ回るという話である。狼男は、突如として街路や庭などに現れ、犬に変化して人びとを惑わす。ラゴア地区の巨人、幽霊、化け物、魔女なども有名であり、その話を聞く者に興味を惹起せしめ、不可思議な世界についての話が消滅することはない。民話の宝庫ともいえるこの貴重な口承文学作品は今日、研究者の調査も進められており、サンタ・カタリーナ島は神秘の島とも言われているゆえんである。

魔女

サンタ・カタリーナの精神文化としての伝承・伝説については前述のとおりであるが、ここでは少しだけその内容について紹介しよう。そこにはヨーロッパの影響をうけたと考えられる伝説を読みとることができるだろう。

金曜日になると独りで出かけてはいけないと言う。太陽が沈むと、魔女の関心をひかないために人びとは戸締りをして家の中にいなければならない。人びとの間では、魔女は鼻が大きく、不潔で、醜く、そしていつでも悪いことをしでかすものとして知られている。満月の夜にあたりを徘徊し、人を攻撃する。黒いボロを纏い、顔はだいたい石炭で汚れており、大きな爪は汚くて嫌な印象を与える。薪の火の側にいて、灰で栄養を蓄えると言われる。早く移動したいときは箒を使う。あちこち飛び回りながら空中でダンスを踊ると、それを観るものは魅了される。

攻撃の標的を定めると、蛾または蝶に変身し、鍵穴から家の中に入り込み、生まれたばかりの小さな赤子に近づくと、その子の血を吸い、紫色の斑点を残す。魔女にとりつかれた子どもは蒼ざめ、急激に痩せるので、もし両親が手当てをしなければ死んでしまうことさえある。唯一の身を守る方法はニンニクを戸口に吊るしておき、胸で十字架を切り、住居と村が救われるように祈ることであった。

金曜日の満月の夜に、魔女は船小屋をも襲う。スピードの出る捕鯨用のボートに乗り、ひとこぎでインドまで行き、香料を持って帰ってきたと言われる。

あるとき、朝方に船が水に濡れた状態であったので、船主は誰かが許可なしに船を使用したと疑い、部下に網の下に隠れて監視をさせ、許可なしに使用するものを捕らえるように命令を下した。すると驚くことにある静かな夜、三人の魔女が現れ、手も触れることなくボートを海に向けて進水させて、沖合いに向かって信じられないスピードで出て行った。

魔女に関しては、フランクリン・カスカエスがその伝説を二巻にまとめ、サンタ・カタリーナ大学から刊行されている。こういった伝承は他にも数多く残されている。ヨーロッパと南アメリカの文化が出会い、独特で豊かな文化を育んだサンタ・カタリーナ島ではこういった興味深い伝承が人びとの間に残り、愛されているのである。そして後述するように、このような多彩な想像力や独創性はサンタ・カタリーナ文学を創り出す文学者にも引き継がれているのである。

第二章　サンタ・カタリーナ文学

アソーレスの影響

サンタ・カタリーナ文学は、ブラジル文学の一分野として活発な生産活動が行われているが、以下、サンタ・カタリーナの植民に大きな貢献をしたポルトガルのアソーレスの影響という視点から五人のサンタ・カタリーナ文学者に焦点をあてたい。

一七四八年から一七五六年にかけて、ポルトガル本国のポルトガル人とは別に、固有の特殊な地理、文化と歴史をもつアソーレスに住むアソーレス人は大西洋を南西に向かって航行し、ブラジルのサンタ・カタリーナ沿岸に住み着いた。その数、およそ六〇〇〇人であった。この歴史については詳述したとおりであるが、この異文化との出会いがアソーレス人たちに豊饒な創造性を与えたと言っても過言ではないだろう。何世代にも亘り、アソーレス人の血を引き継ぎながら特に首府フロリアノーポリスが位置するサンタ・カタリーナ島を拠点に独自の文化と文学を呈している。

＊

ヴィルジーリオ・ヴァルゼア（Virgílio Várzea・一八六三―一九四一）、オートン・デ・エッサ（Othon d'Eça・一八九二―一九五六）、フランクリン・カスカエス（Franklin Cascaes・一九〇八―一九八三）、アルミーロ・カルデイラ・デ・アンドラーダ（Almiro Caldeira de Andrada・一九二一―）、フラーヴィオ・ジョゼー・カルドーゾ（Flavio José Cardozo・一九三八―）の五人が、ヨーロッパに位置するポルトガル本国の島々であるアソーレス諸島の何らかの影響を受けながらサンタ・カタリーナ島の社会を描写している。

詩人、小説家であるヴィルジーリオ・ヴァルゼアは、サンタ・カタリーナ島カナスヴィエイラス地区に生まれた。父はミーニョ地方出身の漁師、母はアソーレス諸島出身で、海に対する情熱を引き継ぎ、海はヴィルジーリオ・ヴァルゼアの冒険のテーマとなった。家を飛び出して船に乗り、世界を駆け巡り、サンタ・カタリーナの島を出て、自分自身の心と肌に海を焼き付けて帰って来た。デステーロ（現在のフロリアノーポリス）とリオ・デ・ジャネイロで文学活動を始め、リオではルイ・バルボーザ、オラヴォ・ビラクと親交があった。一八八二年から一八八七年にかけて文学ゲリラグループを形成し、ロマン主義に抵抗し、ヨーロッパから導入されたばかりの高踏派主義と象徴主義を擁護した。この文学グループにはブラジル象徴主義の代表的詩人クルース・イ・ソウザも参加していたことを看過できない。海景作家としてヴィルジーリオ・ヴァルゼアには一八作品があるが、代表作は一八九五年にリオで初刊行された『海と畑』（Mar e Campo）である。その後パリで版を重ね、二〇〇三年フロ

フロリアノーポリス市内のバーレストラン“アソーレス”（写真提供　佐藤美香氏）。

リアノーポリスで第五版が出版されている。サンタ・カタリーナの人びとの習慣、信仰生活も他の作品のテーマとするが、特に『海と畑』(Mar e Campo)は机上の空想ではなく、海の悲劇を何の躊躇もすることもなく書いている。自らの海上での冒険経験から正確さをもって海景主義をブラジル文学のみならずラテン・アメリカ文学の中で確立したことで評価されるべき作品である。

オートン・デ・エッサは、サンタ・カタリーナ島に生まれた。実際に海に乗り出し、海に生きたヴィルジーリオ・ヴァルゼアとは相反し、オートン・デ・エッサは漁師たちの海に生きなければならない苦い人生を通じて海を見つめながら描いた。漁師から語り継がれる話や嘆きを聞き、大漁を祝い、海の悲劇を共に泣いた。海景主義者であるこの作家は、漁師の生きざまを方言を多用しながら描写する。一九一八年の初めての自分の作品『薄い霧』(Cinza e Bruma)は象徴主義の詩人クルース・イ・ソウザの影響を否めなかったが、以後の作品にその影響は見られない。一九二〇年、サンタ・カタリーナ文学協会を設立し、一九二四年にはサンタ・カタリーナ文学アカデミーと改名され、サンタ・カタリーナ文学の発展に大きく貢献する機関となった。刊行した五タイトルの作品の中でも、代表作は一九五七年の『男と海草』(Homens e Algas)である。その短編集の中では、あたかも海を中心とする光景を鮮やかに絵の具で彩るかの如く、日々の生活の苦しみ、絶望、死などを醸し出す。生き生きとした真実を記録したいわゆる備忘録的な作品であり、空想的な小説ではなく、サンタ・カタリーナ島の苦悩する人間の生き様を後世に伝えることができると言う面において社会、民俗学、文学史的観点から大きな価値がある。象徴主義の視点から海辺に構図を取り、海の干満と共に生物を細部にわたって見つめている。

"homens e algas cuspidos todos numa praia, sob o sol dourado e vivo: as algas pelo mar e os homens pela miséria."

「黄金に照りつけるいきいきとした太陽の下、男たちも海草もすべて海辺に吐き出されている――海から海草が、そして悲惨さからは男たちが」

フランクリン・カスカエスはイタガス生まれの独学の芸術家であった。その創造性でもってアソーレスの遺産を文学作品、絵画、彫刻、工芸品を通じて後世に伝えようした。サンタ・カタリーナ島の開発が進み、街が発展する一方で、考古学的調査によって過去を捜し求め、散在していた文化遺産のかけらを掻き集め、サンタ・カタリーナ島の民衆文化を人びとの記憶に留めるようにした。三〇年以上に亘りひとりで島の神話、迷信、伝説を集めた。また伝説を描いた陶器も製作した。その一方で、女魔法使いの魔術にまつわる話や習慣を口承文学として二冊の本に記録した。その魔術に関して、フランクリン・カスカエス自身が芸術の魔術師であった。文学として『サンタ・カタリーナ島の不思議』(O Fantástico na Ilha de Santa Catarina) の第一巻は一九七九年、第二巻は死後九年後一九九二年にサンタ・カタリーナ大学から出版された。それぞれ一二話、合計二四話が収められている。ラゴーア、リベイラン・ダ・イーリャ、パンタノ・ド・スルをはじめとする地区において、ギリシャ神話のキマイラを思わせる魔女は時には鶏になったりもする。すなわち、ヨーロッパ人であるポルトガル人やベルギー人が入植したアソーレスに源を発するものがサンタ・カタリーナ島に古くから定着していたことは看過できない。その魔女は人びとの生活を荒らし、不穏にするが、魔女を抑えることができるものはこの世ではニンニクだけである。夕暮れ、潮の干満、満月の夜など島の生活で特に神妙になる時期を中心に、現実と神話が混交され、ユーモアを取り入れ、静かなリズムで人びとの世界観や生活について不思議に地方言語を盛り込んで語られる。フランクリン・カスカエスがその生涯を終えたとき、ギマランイス・ローザは“Podemos dizer que Franklin Cascaes não morreu; encantou-se.”「フランクリン・カスカエスは死ななかったと言える。姿を消したのだ」と言ったほど、フランクリン・カスカエスはサンタ・カタリーナ島の神話採集とアソーレス文化の遺産に心を奪われていた。

アルミーロ・カルデイラ・デ・アンドラーダは、一九二二年、フロリアノーポリス市に生まれる。一九五八年、『搗《つ》き臼の手』(Mão de Pilão)でサンタ・カタリーナ文学アカデミーからヴィルジーリオ・ヴァルゼア賞を受賞する。遠く離れた地理的状況と共に時代も遡った歴史小説家として特徴がある。現在までの一一作品の内、『糸のもつれ』(Rocamaranha・一九六一年)、『朝の出会いに』(Ao encontro da manhã・一九六七年)、『アソーレスの箱舟』(Arca Açoriana・一九八四年)が、祖先の島アソーレスを描きながら光彩を放っている。代表作は『糸のもつれ』である。一七四六年、ポルトガル国王ジョアン五世のブラジル南部にポルトガルの存在を強めようとする植民の決定により、一七四七年、四三七人のアソーレス人がはじめてテルセイラ島アングラ・ド・エロイズモの港から出発したことを文学テーマとした。計画は四〇〇〇家族を移住させることであった。実際にテルセイラ島から大西洋を渡りブラジルへ向かう人びとを二つの家族に見立てた冒険物語である。長い船旅でのさまざまな出来事や心の浮き沈み、途中のカボ・ヴェルデ諸島での人の死、そしてサンタ・カタリーナ島への定着を描きながら、アソーレスに残した過去と新しい島との間の文化的相互影響を模索する。船の中での家族の心の動揺を描き、新しいサンタ・カタリーナ島での生活にアソーレスの痕跡を表出するもので、この移住のテーマはブラジル人作家ルイース・アントーニオ・アシス・ブラジルに大きな影響を与えた。また、『アソーレスの箱舟』は、一七七七年にスペインがサンタ・カタリーナ島を攻略した史実を物語る壮大な叙述として異彩を放っている。

フラーヴィオ・ジョゼー・カルドーゾは、一九三八年セーラ・ド・リオ・ド・ラストロの傍のサンタ・カタリーナの地で生まれた。石炭産出の山岳地区で生まれ育ったので、一一歳になるまでは海を知らなかった。その初めて知った海は、作家に大きな影響を与えることになった。テーマはサンタ・カタリーナ島の沿岸の地区の人びととアソーレスの痕跡の物事に集中している。島の内部に位置する地区サントー・アントーニオ・デ・リズボアは彼が名付けたもので、自らが住み、地区の活動に参加している。映画化されたものなど、現在まで児童文学一作を含める計一一冊の文学作品の中で、短編集『航行』（Singradura・一九七〇年）が代表作とされている。漁師や海辺の住人の世界の変貌、都会化への抵抗とその摩擦を描き、サンタ・カタリーナの人びとの社会の変化を記録したものである。

＊

サンタ・カタリーナ島に移住したアソーレス人の子孫は、祖先と同じように海に閉ざされ、同時に世界に開かれている。アソーレス文化の伝統を遺産として表現するサンタ・カタリーナ島の五人の作家の声には、海に囲まれて生きたアソーレス人の遺産があり、「海景主義」の文学としてブラジルにおいて異彩を放っていると言える。

筆者はアソーレス諸島の世界をテーマとする文学をポルトガル文学と呼ばずに、アソーレス文学と呼ぶ（ディアス・デ・メーロ著、浜岡究訳『アソーレスの黒い火山島』彩流社、訳者解説「アソーレス文学」

参照）。テーマのほか、そこに住む人びとが独特の歴史を形成してきており、その独自性とは、島嶼、海、漁師を主たるテーマとしながらも、さらに、冷静に自分たちの生活を見つめる方法であると考えられる。アソーレス諸島を出て、世界に散在してもアソーレス人の世界は温存される。例えば、ポルトガル本国の人びとや、さらには外国人などのアソーレス出身以外の人びとでもアソーレス世界をテーマとして描けばアソーレス文学であるとの立場をとる。サンタ・カタリーナ文学の場合、アソーレスからの入植者の子孫以外のブラジル人や外国人がサンタ・カタリーナ島の世界を特化したテーマとして文学を表現すれば、サンタ・カタリーナ文学と呼べると考える。

第三章　サンタ・カタリーナ州の発展の軌跡

神エスピリト・サント（聖霊）崇拝

神エスピリト・サント（以下、神を省略）はアソーレスの守護神であり、約六〇〇〇人のアソーレス人が一八世紀にサンタ・カタリーナ島に到着したときに、心の支えとして人びととともに「移住」したのであった。人びとのアイデンティティともいうべき巡礼のように行列をするエスピリト・サント崇拝の祭りはフロリアノーポリス市でも一四カ所で実施されている。復活祭五〇日後の五月、六月に祭りが行われ、聖霊降臨の日曜日にクライマックスに達する。サンタ・カタリーナ島のサント・アントーニオ・デ・リズボア地区のように九月の最初の週に祭りが実施される場合がある。

土曜日の夜に音楽隊がフェステイロ（主催者）を迎え出て、ミサに連れて行く。ミサが終わるとダンスや花火の打ち上げが行われる。日曜日には、主役フェステイロと選ばれた子どもが若者に戴冠する。そしてインペリオ（聖霊の小さな館）へ向かう。さらに、次の年に戴冠する者が選び出される。地域によって特殊性を醸し出すので、すべての地域でこのように祭りが行われるわけではないが、人びとは親交を深めながら、歴史、文化と人間のルーツの確認を行うと同時に文化を保存し、未来に伝えようとする情熱がうかがえる。

厳しい気候

サンタ・カタリーナ州では、雨期、乾期、大風、あられなどの不快な気候が特徴的である。この不快な気候は人びとの生活に大きなネガティブな影響を与える。例えば、雨期の集中的豪雨は洪水や山の斜面の崩落をひき起こし、家を失う者や死者が発生する。厳しい乾期が続けば農業や牧畜業に被害が及び、労働者の収入に大きな損失が出ることになる。大風や雹によって多くの家屋の屋根、ガラス窓などが破壊されたり、植え込みなどがなぎ倒されたりする。どこでもこのようなことは起こり得るが、極度の例外的気候の悪影響はサンタ・カタリーナ州ブルメナウ市で、一九世紀半ばから常に発生した。それはイタジャイー川の氾濫であるが、最近になるとその激しさは増してきている。人口増加に伴い、人びとが川岸や山際に居住するようになり川の増水の被害を受けやすくなったことのほか、自然植生の変化により、植物が雨水を吸収しなくなり山際の土壌が崩落しやすくなったことなどが原因として指摘される。

一九八三年、一九八四年にサンタ・カタリーナ州のほとんど全域で豪雨が記録されている。大きな洪水は一九八七年、一九九一年、一九九二年、一九九五年に発生。一九九五年には地滑りが被害を大きくした。二〇〇四年には日本の台風に相当する「フラカン」がサンタ・カタリーナを襲い、大災害となった。一方、サンタ・カタリーナ州の山岳地帯では厳しい乾期の影響が記録されたのは一九八八年と一九九〇年であった。雹の大きな被害は一九八一年、一九八七年、一九八八年にあった。

最も深刻な被害を発生させるものは洪水であり、気候変動に伴い、河川工事、土壌の使用にも気を配る必要が認められる。

石炭採掘、そして一九六〇年代から拡大した養豚業、セルロイド生産などの残留物が自然環境を汚染、破壊していると指摘される側面がある。サンタ・カタリーナ州での経済活動が活発化し、発展した結果、自然環境と人間を圧迫したことになる。

いま述べたとおり、サンタ・カタリーナ州では自然が厳しい。しかし、この厳しさこそがすべての文化を生んだのだとも言える。自然環境の保全は、自然保護だけでなく、文化の保護・育成のためにも必要不可欠の急務である。

教育

一七世紀、一八世紀における最初の学校は、共同体、家族、宗教関係者によるものであった。

一七五一年、ポルトガル国王ジョアン五世の勅令により、当時アソーレスから入植した人びとに教育を授けるようにイエズス会に対して命令が出されている。同年、ただちに教育活動が始められたが、ポルトガルにおけるポンバル首相のイエズス会弾圧政策によりブラジル内におけるイエズス会の活動も一七七一年には終了せざるを得なかったが、教養ある者によって教育活動は維持された。

一九世紀における教育に関する残された史料は少ないが、リベイラン、ラゴーア、サント・アントーニオ、ラトネス、カナスヴィエイラス、リオ・ヴェルメーリョ、トゥリンダーデの村では学校が存在しており、村の子どもたちは読み書きや計算を習ったと言われる。こういった各地方での学校運営は地道に続けられ、教員たちも養成されている。例えば、一八〇九年、リベイラン生まれのマルセリノ・アントーニオ・ドゥトラは一八一五年に地元の学校に通い始め、読み書きに優れていたので、一八三〇年に逝去した教師ベラルミノに代わってマルセリノ自身が教師となるに至った。

一八七二年の調査ではサンタ・カタリーナ島には三二の初等学校があり、二〇〇〇人近くの生徒が学んでいた。それらの学校には教師が独りいるだけであった。初等学校を修了し、さらに勉強したい者は高等教育機関がすでに設置されていたリオ・デ・ジャネイロかサン・パウロに行くしかなかった。その他の特殊学校としては聖職者養成学校や陸軍、海軍学校があった。サンタ・カタリーナ海軍学校は一八六九年にその活動を始めた。また、一九世紀から二〇世紀にかけてポルトガルやフランスの大学へ学びに行く者があった。また教員養成学校も創設された。

このような取り組みがあったものの、住民全体への波及効果はまだ乏しく、二〇世紀、一九〇一年になってもサンタ・カタリーナ島の八二パーセントの人びとが字を読めなかった。このためさらなる学校教育の拡充がはかられ、さまざまな分野についての教育がなされたコレジオや中等学校が設置され、幾多の政治的動乱期を生き抜き、一九一〇年には安定した経営がなされるようになった。これは現在のサンタ・カタリーナ技術センターや連邦工科学校などの前身となった。一九六〇年に創設され

サンタ・カタリーナ歴史博物館、この中に歴史地理院がある（写真提供 佐藤美香氏）。

ることになる総合大学であるサンタ・カタリーナ大学の前身のサンタ・カタリーナ法科大学が一九三二年に設置された。

教会は宗教儀式以外にも教区の子どもたちを定期的に集めてお祭りなどを催した。場所を提供できたのは教会だけであり、心の交流を通じて人びとの心の豊かさに貢献した貴重な活動をなしたことは言を俟たない。

サンタ・カタリーナ歴史地理院は一八九六年に創設され、現在までも存続している。州の中で科学、文化機関としては最も古いもので研究・教育機関としては絶えることのない持続的活動を保ち、二度の大戦や経済混乱などの影響があっても、その活動を一度も休止しなかった運営実績は、二〇世紀の一〇〇年間を完璧な活動をもって生き延びたということができる。単にサンタ・カタリーナという地理空間に依拠して歴史研究がなされその成果が残されているだけではなく、人びとの生存のための闘いのメモリーハウスと言えよう。過去の思想、印象、知識を辞書のように記録し、また描写、小説、思い出を保管する館である。そしてサンタ・カタリーナの固有の歴史を後世に伝える非常に重要な役目を担っている。

衛生

二〇世紀初頭まで、サンタ・カタリーナでは日常生活に必要な適切な衛生設備に恵まれなかった。人間の排泄物を、通り、裏庭の奥、空き地、海辺に投棄したり、チグレス（虎の複数形）と呼ばれた「奴隷」がひくいわゆるごみ処理車を利用していた。奴隷制度は当時、すでに法律で廃止されていたのだが、実際にはまだ奴隷的な生活に苦しめられた人びとが存在していた。しかし、チグレスに課せられていたこれらの仕事も糞便やゴミを入れた箱や樽をそのまま除去するサービスに徐々に変わっていった。

海岸地帯は糞便が処理される格好の場所となっていた。その地帯の家屋などでは住居の奥が海側に突き出しており、汚物を投げ出すことができるように設計されていた。一九〇五年八月一〇日のオ・ディーア紙（O Dia）には大家族向けの邸宅の広告が掲載されているが、「海に向けての下水管配備」などの文言が見られる。当時の衛生状態を示すものであり、問題解決をすることのできない公権力の現実を前にして人びとはさまざまな病気に苦しんでいたのであった。当時の公権力は街灯、緑地化、舗道の整備などに力を入れていたので、衛生面に関しては二の次であった。当然のことながら疫病が発生するのだが、それを問題視したマスコミがその件について報道を始めると、その圧力に屈して汚染された地区の埋め立てなどが行われるに至ったが、これはあくまで一時しのぎの場当たり的対処にすぎず、本当の問題解決のためには有効でなかった。

一九一三年にフロリアノーポリスで下水工事が行われたが、それに先立って一九〇七年には法律二五三号により、都市部の全住民、商業施設、公共機関はゴミ処理サービスを利用することが義務付けられた。

上水道の確保も長年の課題であった。水問題はブラジル入植時よりずっと解決しがたい問題であり、一七九四年にはすでに時のジョアン・アルベルト・ミランダ・リベイロ長官が公共の水源地がないので、飲料水の確保が困難だと嘆いている。一九一〇年になってフロリアノーポリスの水道設備が完成するまで、人びとは井戸水や泉などから水を汲んで生活をしていた。一八六〇年に新鮮な水を入れた大きな樽を牽いた馬車が現れ、水の供給サービスが始まっているのだが、水道設備が完成するまでは、この馬車が牽く樽で水を配給する商売は好評を得ていた。

ゴミ焼却施設は一九一〇年から一九一四年にかけて建設された。一九九四年、ゴミ選別回収が行われ、リサイクルも行われるようになった。

病気と医療

一八世紀には劣悪な衛生面も影響して梅毒、天然痘が蔓延した。黄熱病は一八五二年と一八五三年にリオ・デ・ジャネイロ経由のヨーロッパからの船でサンタ・カタリーナ島にもたらされた。コレラは一八五五年一〇月一六日、リオ・デ・ジャネイロからの船でもたらされ乗船者を含む三五人が死亡した。二回目のコレラの蔓延は一八五六年二月二九日に発生した。黒人船乗りが病臥して上陸し、パトロンの家で死亡したときにコレラが発生した。同年三月と四月にも二〇〇例のコレラが続き、六五人が死亡した。そのうち、四二人が一般の人びとで二三人は奴隷であった。第三回目のコレラの蔓延は、一八六七年三月下旬パラグアイへ行く途中の軍人を乗せたテイシェイラ・デ・フレイタス号がサンタ・カタリーナに寄航したときだった。キャプテンはコレラが船から街に広がらないように厳しい管理をしていたが、四月になってコレラが発生し、街中に広まり、一七一人が死亡するに至った。このときのコレラは二カ月間続いたが、サンタ・カタリーナの島全体には蔓延しなかった。その他、北、または北西の汚れた熱い風によってもたらされると当時言われたデング熱も発生した。これに対して南または南西の冷たい風はよい風とされた。伝染病はどうして起こるかも当時は理解されていなかったことを示すエピソードだが、もちろん後にはそれを予防する知識が人間に備わった。現在ではサンタ・カタリーナ大学病院をはじめ多くの医療施設も完備し、約六〇の保健所が存在し、その内四四カ所はサンタ・カタリーナ島に位置する。それぞれが水などの衛生状態を管理し、高い生活の質を維持している。

商業

ブラジル発見以降、ポルトガルやスペインの航海者らは自然が豊かで寄航しやすいサンタ・カタリーナ島にて物々交換をした。補給のための商業が端緒であり、銀を輸送する船舶に対してさまざまな農作物を補給する商業が成長するに至った。スペイン人フアン・デ・サラザール・イ・スピノラは一五五〇年にサンタ・カタリーナ沿岸に着岸し、先住民との産物の交換に際して初めて貨幣を用いた。

フロリアノーポリス市のバスターミナル（写真提供　佐藤美香氏）。

一七世紀の商業中心地はサン・フランシスコ、デスーテロ、ラグーナであった。一八世紀になると河川を利用しながら内陸部へと進み、小道を切り開いた。船の補強以外に、軍隊の駐留や内陸部に人びとの視線が向いたことによっても商業が活性化した。一七三七年、サンタ・カタリーナはサン・パウロの行政管轄から独立したカピタニアとなり、南部の商業を改良する好機となった。翌年一七三九年、ジョゼー・ダ・シルヴァ・パエスがサンタ・カタリーナ長官として着任して以来、アソーレスからの入植者らの影響により商業と農業が発展する契機となった。

　一七七九年以降、テイシェイラ・オメン長官の奨励により、農業生産高も増加し、大きな商業施設も設置されたが、商業はポルトガル本国によって統制されており、豊かさは本国に集中していた。一八〇八年、商業港が開港したがサンタ・カタリーナのために貢献するものではなかった。一七六六年には二万四八六五人だったデステーロの人口は一八一八年には四四〇四一と増加し、六二軒の商店があった。

ブラジルの独立とともに、サンタ・カタリーナは、カピタニアからプロヴィンシア（県）となり、経済的発展を遂げ、豊かさを増していった。一九世紀には、郵便、電信局の設置、南部の鉱山開発の試み、テレーザ・クリスティーナ鉄道敷設の着手とイグアス川の航行が目をひく出来事である。

二〇世紀前半には、原材料の輸出と工業製品の輸入が伸長した。食品、飲料、原材料、建設資材の商業も活性化している。手工業品の産業なども注目を引くものの、第一次世界大戦や世界恐慌の影響を免れることはなかった。

二〇世紀後半、商業はブルメナウ、ブルスケ、シャペコー、クリシウーマ、フロリアノーポリス、イタジャイー、ジョアサバ、ジャラグア・ド・スル、ジョインヴィーレ、ラジェスなどの街の発展に寄与し、ショッピングセンターの出現は大規模にさまざまな消費と同時に雇用を上昇させることができた。今世紀に入ってからは、ネットビジネスも展開され店頭で人と人が会話をしない時代になると、商品についての詳細な情報が必要となり、商品引渡し日数、宅配の費用など多くのことが明確にされなければならない。サンタ・カタリーナにも情報化時代の波がおし寄せてきている。

農業

サンタ・カタリーナの農業は、他州に出荷するほどの規模ではない状態だったが、一九五〇年代にブラジル国内の農業政策に大きな変化があった。アメリカとの間に農業技術事務所を開設し、本部をリオ・デ・ジャネイロに置き、農牧畜業を発展させることを目的とした。一九六八年以降、農牧畜業協同組合が発展し、経済、社会的重要性を帯びている。

同時に共同組合は養豚業にも広がり、アメリカやヨーロッパから輸入された豚の品評会も開催された。豚のラード製造業は大豆産業の発展とともに植物油に負けていったが、サンタ・カタリーナの豚肉は高品質として市場で大きなシェアを占めている。

養禽《ようきん》は一九五八年、アメリカ人技師フランク・ムーアの指導によって商品としての発展を遂げた。七面鳥、鶏肉や卵の生産は顕著なものがあり、生産者は二万五〇〇〇羽以上の鶏を飼育しなければ経済的になりたたないほどの規模である。

果樹栽培も、日本、イスラエル、アメリカからのリンゴ栽培の専門家を招聘した。また種、土壌、果樹園の研究も行われ、さまざまな品種のリンゴ栽培が行われている。一例として、一九九九年には国内生産の半分にあたる四五万トンの収穫があった。国内消費としては十分であり、アメリカやヨーロッパ諸国にフジ、ゴールデンなどの品種を輸出する生産力がある。

稲栽培について、一九五〇年代までは一ヘクタールにつき二千キロを超えなかったが、技術改革計画によって一〇年以内に生産量は二倍になった。現在では一ヘクタール一万四〇〇〇キロの収穫があり、世界屈指とされる。

一九六〇年代まではサンタ・カタリーナでは玉ねぎとニンニクを輸入していた。この両者の生産量は一ヘクタールにつき三〇〇〇キロに達しなかった。クリチバに住む日本人のChonamさんが新しいニンニクを開発し、その名がついたニンニクがクリチバあたりの広範囲に亘って生産された。一ヘクタールにつき一万七八〇〇キロにまでも生産量が増えた。現在ではサンタ・カタリーナは他州にも輸出する最大のニンニク生産州となった。玉ねぎの生産量は現在一ヘクタールにつき四万キロにまで達するようになった。
二〇世紀後半、食事に使用する油がラードから植物油に替わった頃から大豆の生産量は伸び始めた。トウモロコシは養豚、養禽のために必要であり、サンタ・カタリーナ州では現在百四十万トンをそのために輸入する。一九五〇年以前は一ヘクタール一五〇〇キロ以下であったが、現在では平均三〇〇〇キロの生産量である。土壌整備によって小麦、豆類、トマト、ジャガイモ、バナナなどの栽培も発展が見られた。

フロリアノーポリス市の街角（写真提供　佐藤美香氏）。

このように一九五〇年頃からサンタ・カタリーナにおいて農業が発達した背景には、技術援助と生産奨励基金（Fundo de Estímulo à Produtividade）の存在が挙げられる。一九七五年には農牧畜業調査会社が設立され、農業の実態を調査し、改善することが目指され、八〇年代には集配センターも建設された。一九六一年以降、農業従事者に対しての職業訓練センターも建設され、年齢、男女を問わず最新の知識と技術を身につけることができるようになったこともサンタ・カタリーナの農業発展を見るうえで看過できない。

産業発展　世界都市としてのサンタ・カタリーナ

一八五四年から一八六七年にかけて、主にドイツ人入植者が多いブルメナウやジョインヴィーレを中心に繊維、セーターなどを編む衣装工場が現れ始めた。

二〇世紀になるとドイツ、イタリア人やその子孫が工業化に貢献し、手工業においてさえもその技術の躍進は大きく、繊維産業は特殊な様相を呈していた。州のほとんどの会社はドイツ系企業家が経営しており、多くは商業経験があった。蒸気エネルギーの使用が拡大し、特にジョインヴィーレ地区ではマテ茶の栽培に結びついた施設が存在した。

一九〇九年には水力発電所がジョインヴィーレとブルメナウ地区に、一九一三年にはブルスケ地区に建設された。一九一〇年、ブルメナウとイビラマを結ぶサンタ・カタリーナ鉄道の敷設工事が始まり、サン・パウロとリオ・グランデ間の鉄道整備も着手された。最初の一四年間には、サンタ・カタリーナ工業地区が整備され、ブルメナウのガルシア工業会社には機織、紡績機が導入された。その他へリングは木材加工を始め、パルプ、マッチの軸の生産を興した。農産業としてジョインヴィーレ地区で小麦製粉工場、ブルメナウやジョインヴィーレ地区での乳製工場、イタジャイーとガスパール地区での砂糖製造工場の開設と始業なども特記に値するだろう。

一九二三年の世界恐慌のときでさえ、サンタ・カタリーナは木材を輸出していた。一九四五年頃の情勢に関して、利益をあげていた産業は木材、繊維、石炭であり、一九一四年の輸出は一五・三パーセントであったのが一九四五年には五五・四パーセントにまで成長していた。しかしその一方でマテ茶、マンジオッカ、バター、ラードなどは大きな損失を被った。イタリア人子孫は石炭産業を発展さ

現在のフロリアノーポリス市の全景（写真提供　佐藤美香氏）。

せた。木材産業はスペインとの国境線を気にしながらもリオ・グランデ・ド・スルからのイタリア人、ドイツ人子孫が発展させ、また同時にヴァーレ・ド・リオ・ド・ペイシェや西部地区では養豚産業に携わった。

一九六八年頃から「ブラジルの奇跡」と呼ばれる経済成長があり、サンタ・カタリーナの産業も一九八〇年までは確実に伸びた。以後一九九〇年にかけて成長が見られないが、製紙、セルローズ、プラスティック製品、養豚、養鶏、鋳造部品、電気部品、セラミック製品などの分野の工場を擁することになった。

観光産業の発展のためには、道路整備から始められたものの、環境保護の観点から多くの難題を抱えた。街の渋滞、土地や物価の上昇、地域の特殊性や歴史的景観の破壊などが指摘された。しかし、否定的側面よりもポジティブな面のほうがはるかに多く、開発と自然保護、文化と観光の共生からサンタ・カタリーナ地方の固有の歴史を蘇らせることができ、それを保護しながら、土産物の手工芸品、ホテルなどの産業の発達と雇用促進に繋げることに成功したと考えられる。エコ・ツーリズムの視点から観光客が多く来ることになれば、歴史文化財も修復、保存して未来に伝えることができる。観光産業の伸展と共に、博物館、商談を含める国際会議が開催できるホテル、そしてレストランなどの外食産業、タクシー、バス、レンタカーなどの交通機関、スポーツ、海のレジャー産業などを含め、数多くの産業が一体化して発展し、世界都市としての要件を備えたと言える。

参考文献

本書執筆のために参照した文献は以下のとおりです。諸先生方に深謝します。

Abreu, Capistrano de. *Caminhos antigos e povoamento do Brasil*. Rio de Janeiro. Livraria Briguiet, 1930.

Albersheim, Úrsula. *Uma comunidade teu–brasileira*. Rio de Janeiro. CBPE, 1962.

Albuquerque, Luís de. *Introdução à História dos Descobrimentos Portugueses*. Publicações Europa–América, Lisboa,1989.

Almeida, Onésimo Teotónio. "A Profile of the Azorean", in Donaldo Macedo, ed., *Issues in Portuguese Bilingual Education*, National Assessment and Dissemination Center for Bilingual, Bicultural Education, Cambridge, MA, 1980.

Anglin, João H. "O Distrito de Angra. A description of the Azores." (London, 1835) in *Boletim do Instituto Histórico da Ilha Terceira*. VII. 1949, p. 256–282.

Bettencourt, Urbano. *Emigração e Literatura*, Horta, 1989.

Boiteux, Lucas Alexandre. *Notas para a história catarinense*. Florianópolis, 1911.

Ibidem. *Pequena história catarinense*. Florianópolis, 1920.

Bracher, Ana (Org.). *História de Santa Catarina no século XIX*. Florianópolis, Editora da UFSC, 2001.

Ibidem. *História de Santa Catarina–Séculos XVI a XIX*. Florianópolis, Editora da UFSC, 2004.

Brasil, Luiz António de Assis. *Um quarto de légua em quadro*. Maia–Açores, Direcção Regional das Comunidades, 2005.

Brito, Paulo José Miguel. *Memória política sobre a capitania de Santa Catarina*. Lisboa, 1829.

Cabral, Oswaldo Rodrigues. *Santa Catarina–história e evolução*. São Paulo, Cia. Editora Nacional, Coleção Brasileira, v. 80, 1937.

Ibidem. *História de Santa Catarina*. Rio de Janeiro, Laudes, 1970.

Ibidem. *Os açorianos*. Florianópolis, s.e., 1951.

Ibidem. *Medicina, Médicos e Charlatães do Passado*. Florianópolis, Edição do Departamento Estadual de Estatística de Santa Catarina, 1942.

Caldeira, Almiro. *Rocamaranha*. 2ª edição revisada, Florianópolis, Editora da UFSC, 2003.

Ibidem. *Arca Açoriana*. 2ª edição revisada, Florianópolis, Editora da UFSC, 2003.

Campos, Nazareno José de. *Terras comunais na Ilha de Santa Catarina*. Florianópolis, Editora da UFSC, 1991.

Corrêa, Carlos Humberto. *Militares e civis num governo sem rumo : o governo provisório no Sul do Brasil*. Florianópolis, Lunardelli, Ed. UFSC, 1990.

Costa, Licurgo. *O Continente das Lagens : sua história e influência no sertão da terra firme*. Florianópolis, FCC, 1982.

Cunha, Idaulo José. *O salto da indústria catarinense rumo a um novo século*. Florianópolis, Ed. Paralelo 27, 1992.

Ibidem. *A economia catarinense rumo a um novo século*. Florianópolis, Governo do Estado de Santa Catraina/Ed. Instituto Cepa, 1999.

Dias, José de Sousa (Org.). *Santa Catarina em perspectiva : os anos do golpe*. Petropólis : Vozes, 1988.

Diretoria Estadual da Defesa Civil (DEDC). *Relatório dos Eventos Adversos*, V1 1978–1983, V2 1984–1994, Florianópolis.

Flores, Maria Bernardete Ramos. *Povoadores da Fronteira*. Florianópolis, Editora da UFSC, 2002.
Ibidem. *A farra do boi : palavras, sentidos, ficções*. Florianópolis, Edição da UFSC, 1997.
Fortes, João Borges. *Casaes*. Rio de Janeiro, Edição do Centenário Farroupinha, 1931.
Junkes, Lauro. *O mito e o rito–Uma leitura de autores catarinenses*. Florianópolis, UFSC, 1987.
Ibidem. *A literatura de Santa Catarina–Síntese informática*. Florianópolis, UFSC, 1992.
Ibidem. *Açores, Travessias, Presença Açoriana na Literatura da Ilha de Santa Catarina*, Florianópolis, Editora Insular, 2003.
Lago, Paulo Fernando. *Santa Catarina : a terra, o homem, a economia*. Florianópolis, Imprensa Universitária –UFSC, 1968.
Ibidem. *Santa Catarina : a transformação dos espaços geográficos*. Florianópolis, Verde Água Produções Culturais, 2000.
Madeira, Antônio Boavida. *População e emigração nos Açores* (*1766–1820*). Ponta Delgada, Universidade dos Açores, 1997.
Melo, Osvaldo F. (e outros). *A realidade catarinense no século XX*. Florianópolis, Instituto Histórico e Geográfico de Santa Catarina, 2000.
Ibidem. *Anais do Congresso de História e Geografia de Santa Catarina*. Florianópolis, Instituto Histórico e Geográfico de Santa Catarina, 1996.
Meneses, Avelino de Freitas de. *Os Açores nas encruzilhada de Setecentos : poderes e instituições*. Ponta Delgada, Universidade dos Açores, 1997.
Ibidem. "Os ilhéus na colonização do Brasil." in *Arquipélago* (História). Revista da Universidade dos Açores, 1999, p251–264.
Meneses, Manuel de Souza. *Os casais açorianos no povoamento de Santa Catarina*. Angra do Heroísmo,

Tipografia Andrade, 1952.

Moritz, Charles E. *Panorama da Economia de Santa Catarina : O Comércio*. Ciclo de estudos da Adesg/SC, 1970.

Nemésio, Vitorino. *O Açoriano e os Açores*. Edições da Renascença Portuguesa, 1929.

Pereira, Mário. *Pequena história de Florianópolis*. Florianópolis, Terceiro Milênio, 1994.

Pereira, Nereu do Vale. (e outros). *A Ilha de Santa Catarina– Espaço, Tempo e Gente*. 2 volumes. Florianópolis, Instituto Histórico e Geográfico de Santa Catarina, 2002.

Piazza, Walter Fernando. *Santa Catarina : sua história*. Florianópolis, Lunardelli, Ed. UFSC, 1985.

Ibidem. *Epopéia açórico–madeirense (1746–1756)*, Funchal, Centro de Estudos de História dos Açores, 1999.

Ramos, Accurcio Garcia. *Notícia do Archipélago dos Açores e do que há mais importante na História Natural*. Lisboa, Typographia Universal, 1891.

Ribeiro, Luís da Silva. *O patrono dos emigrantes. B. João Baptista Machado*. Angra do Heroísmo, Livraria Editora Andrade, 1941.

Sá, Daniel de. *Crónica do Despovoamento das Ilhas*. Edições Salamandra, Lisboa, 1995.

Santos, Silvio Coelho (Org.). *Santa Catarina no Século XX : ensaios e memória fotográfica*. Florianópolis, Ed. UFSC, 1999.

Ibidem. *Nova História de Santa Catarina*, 5ª edição revisada. Florianópolis, Ed. UFSC, 2004.

Saraiva, José Hermano. *História de Portugal*. Publicações Europa–América, Lisboa, 1993.

Serpa, Caetano Valadão. *A gente açoriana : emigração e açorianidade–século XVI–XX*, Roma, Pontifícia Universidade Gregoriana, 1975.

Seyferth, Giralda. *Nacionalismo e identidade étnica : a ideologia germanista e o grupo étnico teuto–*

brasileiro numa comunidade do Vale do Itajaí, Florianópolis, FCC, 1982.
Silva, Dalton. *Os esgotos Sanitários de Florianópolis*, Dissertação de Mestrado, UFSC, 1989.
Souza, Regina Silveira. *Anhatomirim e sua fortaleza*. Florianópolis, UFSC, 1983.
Vieira, Nelson H. *Brasil e Portugal*. ICALP, Lisboa. 1991.
Willems, Emílio. *Aculturação dos alemães no Brasil*, São Paulo, Cia. Editora Nacional, v. 250, 2ª ed., 1980. (Coleção Brasiliana)

あとがき

作家でもあるリオ・グランデ・ド・スル・カトリック教皇大学のルイス・アントーニオ・デ・アシス・ブラジル教授は、一八世紀半ばのアソーレスからサンタ・カタリーナ島への大移動について、その目的は南米におけるスペインとの国境近くのリオ・グランデ・ド・スル地方へ入植させる目的であったと筆者に主張してやまない。サンタ・カタリーナに移住させることが目的でなく、そこからさらに西方のリオ・グランデ・ド・スルに定住させることであったというのである。

これまで考察してきた史料から判断する限りでは、そう思える文書もあるが必ずしも決定的とは言えない。ポルトガル王室の思惑がもっとはっきりと表出された文書が発見されなければならない。いずれにしても、アソーレス人をサンタ・カタリーナ島に移住させ、そこからさらに西域のリオ・グランデ・ド・スルにまた船に乗せて行かせたことは確実に史料から見てとれた。しかもこの論著の執筆を終えて、アソーレス人をサンタ・カタリーナ島に移動させた後に、脈々と生命が流れて分配され、道路が出来て、集落が形成されていきながらブラジル南部が大きく発展していく一種独特の躍動感を禁じえない。同時に植民地形成と海外進展の問題点を理解できたと思う。

今後の展望と課題として、ルイス・アントーニオ・デ・アシス・ブラジル教授の主張の周辺にある移住の真相をさらに詳細に明らかにすることが残されたと思う。これには、さらに多くの時間を費やし、アソーレス、マデイラ、リスボン、サンタ・カタリーナ、リオ・グランデ・ド・スルに滞在して、多くの専門家と意見を交わしながら、史料を探し求めなければならない。そしてその真理を求めた成果は、いつまたこのような形で発表できるかどうかも知れない。小生が生きている間にできるかどうかわからないが、成し遂げたその暁には本書のような一冊の本としてまとまるかどうかもわからない。したがって本書はいわばその前段階でもあり、またこれ以上解明できなかった場合はわが国の後世への遺物となることになろう。またそう願っている。

ところで、歴史研究をしていると一八世紀のリスボンに生きて、実際に国王やアソーレス人にインタビューしてみたかったとか、あと数千年後、さらに数万年後にはアソーレスという島々がどうなっているのか、アメリカ西海岸にすべての島々が接岸しているのか、それともある島々はアメリカ側に移動し、ある島々はヨーロッパ側に接近しているのであろうかなどと思い巡らしたりすることがある。また、地球温暖化で日本を含める島々は沈没するのだろうか、そのときはどうなるのだろうかと心配してしまう。ブラジルのイグアスの滝、アフリカのヴィクトリアの滝、北米のナイアガラの滝などは位置が少しずつ変化していると言うので、それを数千年後に見てみたいというどうしようもないことを考えてしまう。すると、人間の一生はあまりにも短くてはかないものであり、地球の地殻変動の起こる期間など、そして宇宙の惑星や銀河系などの無限の広がりを考えるに及び、人間の思考や活動のスケールとは実に小さいものであると寂しさを噛みしめなければならない。些細なことで悩んだり、喧嘩をしたり、笑ったり、泣いたりすることがミクロの動きに思えてくるのである。だから、筆者は歴史や文学の勉強をつうじて人間はあまり小さなことにこだわらずに朗らかに生きていくほうがよいのではないかと思うようになった。殊に現代の大都会の社会生活においては人間性が喪失されつつあるのではなかろうか。このようにいろいろなことを考えながらこの論著を一応書き終え、校正も終えた。振り返ってみると執筆中はパソコンの前に座り、史料と格闘する日々を送ったのだが、史料の難解さから一日に一行もパソコンのキーを打つこともできないこともあり、また考え事、悩み事やその日のちょっとした体調や天候の変化などによってまったく手がつけられなかったことがあった。できあがった文章を読んでみると数時間、こきざみに読んでも数日で終わってしまうだろうが、相当の労苦があったことを隠し得ない。もちろん、大勢の人びとの支援を受けてこのように刊行されたので、そのような支援をしてくれた海外の友人たちのためにも、さらに筆者を理解してくれて支えてくれている家族のためにも執筆しなければならないとパソコンに向かい続けてこの論著ができた。

さて、モチベーションとは人によってことなるものであろう。筆者の場合は真理を探し求め、世に貢献し、後世に遺さなければならない、そして明日に向かっての人間の生き様を皆に考えてもらうことである。またポルトガル、アソーレス、マデイラ、ブラジル、アメリカにいる先生や友人に報いなければならない。このような一心から自分に興味あるテーマがあれば継続できているのではないかと感じるものである。外国を勉強する場合は、外国にいるその道の権威を友人として知っていなければ成されないと思う。したがって、筆者が学生のときの指導教授であった故ジョルジェ・ディアス先生のあたかも「あそこに行け」と言うかのごとく指導のもとにリスボン大学に行き、その後は自力でアソーレス大学やブラウン大学の先生方や作家に出会ってきた。このような交流を得て帰国したので、いまでもモチベーションは常に高いままだ。アメリカの先生は常に世界中を駆け回っていて、それでもって一年に一冊は本を出していて、その先生は本当に天才ではないかと思うのはどうも筆者だけではないらしい。その先生は、いまは歳を重ねたので自伝ともいうべきものを出したらしいが、またよくもそのようなものを書く時間があるのかなと驚いている。そういう先生を実際に知っていて、自分もその先生の自筆サインつきの著書や論文のコピーをコレクションして、すべてを理解できなくても読んでみて、すこしでもそのインテリ度というか天才の本に接触したい、あやかりたい、爪の垢でも、汗でもわけて欲しい……このようないわゆる「あこがれる」ことができるような師を海外に持てたことは望外の喜びと言わねばならない。しかし、人間の生命は短く、巨大な滝の流れの変化を見るようなことはできないのである。また、宇宙の果てがどうなっているのかを知るにも限界がある。

一九八九年の夏、初めてアソーレスのサン・ミゲル島に本を買いに行った。そのときはまだアソーレス大学が存在することは知らなかった。その後、テルセイラ、ファイアル、ピコ、サン・ジョルジェ島にも行ったのだが、その夏のことだった。サン・ミゲル島首府ポンタ・デルガーダから車で二〇分ほど東に離れたところにあるホテル・バイーア・パレスに宿泊し、いつものようにレストランで一人で寂しく夕食をとっていた。すると隣から「アソーレスほど火山研究に適したところはない」とアングロサクソン系の人と英語で話しながら一緒に食事をしている東洋系の人がいるのに気づいた。筆者は思い切って日本語で聞いてみた。

「地震学者の方ですか」

「火山学者です」

その人こそ当時の北海道大学有珠山観測所長の岡田弘博士だった。サン・ミゲル島であまりにも地震が頻発しているので、アソーレス自治政府とユネスコから招待されて観測にいらしたのだった。同席していたのはニュージーランドの火山学者だったと記憶している。

筆者はさらに聞いてみた。

「そんなにこの島は危ないのですか」

「東京にいるより安全でしょう」

「！！！」

実際に、サン・ミゲル島には温泉が湧き出ているところがあり、そこでは料理の加熱調理のために熱湯が利用されている。また、島の東西には大きな噴火口跡が湖になっている名所がある。島はバザルト（玄武岩）から成っていてそこを訪れる人びとに島全体が暗い印象を与える。また、テルセイラ島は蒸し暑く、島の中心部には蒸気が噴出している洞窟があり、北部には夏でも荒波の押し寄せる岩場が存在し、あたかも近くにある集落さえも飲み込みそうな怒濤の勢いだった。ファイアル島には、海中噴火によって海だったところが陸地になったところもあり、それを見ると自然の猛威を前に人間は無力であると思い、筆者の心は塞ぎ込んでしまった。あまりにも連続する地震の恐怖に耐え切れずに大勢のアソーレス人がアメリカに移住したという。しかし、その塞ぎ込んだ心にある意味で力を与えてくれたのは、ホテル・ファイアルの自分の部屋、そしてそのホテルのレストランから眺めることができたピコ島の山だった。さっそく次の日の早朝、船に乗り込んで、海路で約三〇分のところのピコ島に渡り、その島を見学してきた。ピコ島には鯨博物館があり、鯨の骨や捕鯨の道具なども展示してあった。また、ピコ島東側には鯨漁や北米に移住して稼いで帰郷した人びとの裕福そうな家並みがあった。またその翌日は船酔いの薬を買い求めておいたうえで、海路で片道約二時間のところにあるサン・ジョルジェ島に向かった。集落は存在し、元気な子どもたちからお年寄りまでの大勢の人びとがいるものの、どこか活気のない寂しい島だった。宿泊しているホテルのあるファイアル島に向けて午後に出航したのだが海は大荒れの状態だった。天気はよくても荒れていた。木製の小型船だったので、うねりの中で船体が波にぶつかると大きな「ドーン」という音をたて、船体が破壊されるのではないかと心配した。船尾に座っていた筆者は体が海水で濡れていた。そのときの恐怖心といえば格別であり、いまでも忘れることができず、思い出せば身震いするのである。もっと大きなフェリーボートが必要だと感じた。当時、それぞれの島にはエアー・アソーレスというプロペラ機が飛んでいたので、船になんか乗らずに飛行機で移動すればよかったと後悔している。アソーレスの気候、風土は日本によく似ていると思う。だから筆者は、リスボン滞在中にあたかも故郷に帰るようにしてそこの島々を訪れて本を買い求め、アソーレス人と親交を深めることができた。一日の内に四季があると言われるほど、晴れているかと思えば、雨が降ってきたりした。思えば、アソーレスは筆者の生まれ故郷の山陰地方に似ているので、親しみをもってアソーレスを見ていくことができた。沿岸部はやはり砂浜や岩場で、夏以外は大体において北西の風が強く、岩場に叩きつける日本海の荒波と合致するのである。そこに生活するものは、気候が影響しているのか、どうしても塞ぎ込んでしまう面を否定できない。

ポルトガル本国の作家ラウル・ブランダンがアソーレスを初めて見て驚き、アソーレス出身の学者ヴィトリーノ・ネメジオが、「地理はわれわれの歴史と同じように重要である」と言うほどに、アソーレスの地理的特殊性はそこに生きる人びとの生き方を左右してしまうことになる。そう簡単には自分の生まれ故郷を棄てるようにして摩天楼のある異国の大都会に住むことはできないものであろうが、アソーレス人は歴史上の逃走とも呼べるほどの移住をしてきたのである。また、それが生きるための唯一の選択だったのかもしれない。

いま、昔を思いだしながらパソコンで「あとがき」を書きながら、現在自分は東京に住んでいるのだと思えば、複雑な心境になったのでそろそろ書き終えようという気になった。

冒頭で述べたことだが、今後の課題と展望は残されているし、まだ翻訳出版したい文学作品もあるのでミクロのはかない世界にある自分の体をこわさないようにやっていきたい。

最後に、本文中にあるアソーレス諸島ファイアル島からピコ島の山を望む写真は、一五年前に筆者がファイアル島のホテル・ファイアルの宿泊した部屋の窓から撮影したものであるが、いまでも山の形も何も変わっていないだろう。サンタ・カタリーナ観光サイト Guia Floripa (www.guiafloripa.com.br) は本文中に三枚の美しい写真を提供してくださいました。リオ・グランデ・ド・スルにあるアソーレス記念碑の写真はリオ・グランデ・ド・スル・カトリック教皇大学ルイス・アントーニオ・デ・アシス・ブラジル教授が、そのほかのサンタ・カタリーナの写真はすべて筆者の朝日カルチャーセンター（新宿教室）の教え子で、仕事の関係から現在サン・パウロに在住していらっしゃる佐藤美香さんの提供によるものです。ありがとうございました。そして、筆者の研究を日本に出していただくことになった現代書館社長菊地泰博氏にも深く謝意を表します。

二〇〇六年二月　東京、三鷹にて

浜岡　究

浜岡 究（はまおか きわむ）
一九六五年、京都府生まれ。中央大学卒、京都外国語大学大学院修士課程修了。
武蔵大学人文学部（東西交流史）、拓殖大学言語文化研究所（ブラジル・ポルトガル語）講師等を務める。専攻：ポルトガル史・文学 ブラジル植民史。

主要論著

"Uma Abordagem da Questão Açoriana", in *Portuguese Times*, EUA, 25 de Novembro de 1993.（「アソーレス問題への接近」『ポルトガル・タイムス』一九九三年一一月二五日、アメリカ・ニューイングランド地方）

"Memória da Baleação na Novelística Açoriana", in *Revista da Faculdade de Letras*, Universidade de Lisboa, 1994-1995.（「アソーレス文学の中の捕鯨の記憶」『リスボン大学文学部雑誌』一九九四-九五年、リスボン）『イベリア文化への誘い スペイン語とポルトガル語』（共著）大学書林、『イベリア文化の輝き スペイン語とポルトガル語』（共著）大学書林、『ブラジル・ポルトガル語 警察用語小辞典』国際語学社

訳書

ディアス・デ・メーロ著『アソーレスの黒い火山島』彩流社

叢書 歴史学への招待
「ブラジルの発見」とその時代
――大航海時代・ポルトガルの野望の行方――

二〇〇六年三月二十日 第一版第一刷発行

著者 浜岡 究
発行者 菊地泰博
発行所 株式会社 現代書館
東京都千代田区飯田橋三―二―五
郵便番号 102-0072
電話 03（3221）1321
FAX 03（3262）5906
振替 00120-3-83725
組版 美研プリンティング
印刷所 平河工業社（本文）
東光印刷所（カバー）
製本所 矢嶋製本
装幀 中山銀士

校正協力・東京出版サービスセンター
©2006 HAMAOKA Kiwamu Printed in Japan ISBN4-7684-6920-5
定価はカバーに表示してあります。乱丁・落丁本はおとりかえいたします。
http://www.gendaishokan.co.jp/

本書の一部あるいは全部を無断で利用（コピー等）することは、著作権法上の例外を除き禁じられています。但し、視覚障害その他の理由で活字のままでこの本を利用出来ない人のために、営利を目的とする場合を除き、「録音図書」「点字図書」「拡大写本」の製作を認めます。その際は事前に当社まで御連絡ください。

現代書館

プラハの異端者たち
中世チェコのフス派にみる宗教改革
薩摩秀登 著〈叢書 歴史学への招待〉

中欧のパリといわれた美しいバロックの都は、なぜ「異端の都」と呼ばれたのか。ローマ教皇の権威に挑み、五度にわたり十字軍を迎え撃ったプラハ市民の胸に去来したものは何か。全欧州を巻き込んだ流血の中世宗教戦争の全貌を詳述する。

2800円＋税

神の御業の物語
スペイン中世の人・聖者・奇跡
杉谷綾子 著〈叢書 歴史学への招待〉

中世欧州の心の風景を聖者・奇跡譚と巡礼の歴史の中に読み解く。奇跡話はいかにして人に癒しを与え生活の中に根づいたのか。スペイン中世の聖地サンティアゴ・デ・コンポステーラへの巡礼とレコンキスタなど、イベリア半島中世史を詳述する。

3000円＋税

ナチス・ドイツの外国人
強制労働の社会史
矢野 久 著〈叢書 歴史学への招待〉

ナチスドイツ研究の第一人者が、口語体の文章で一般向けに易しく書き下ろしたナチス期の外国人労働者研究入門。ナチスの恐怖は戦争・人種差別だけにあるのではない。ヒトラー政権下の外国人労働者の実態解明を通して初めてわかる史実を詳かにする。

2300円＋税

アンデス・シャーマンとの対話
宗教人類学者が見たアンデスの宇宙観
実松克義 著

シャーマニズムはなぜ人びとを魅了してやまないのか？ 古代文明の精神的遺産を現代に引き継ぎ、いまも人びとを癒し続ける思想と文化の淵源を訪ね、立教大学教授の宗教人類学者が南米を歩く。現地での長年の研究が結実した渾身の力作。

2300円＋税

海の見える言葉 ポルトガル語の世界
市之瀬 敦 著

世界を旅することは、ポルトガル語を旅することだ。欧州・南米・アフリカ・アジアそして日本で話されるさまざまなポルトガル語の響きから今日の世界を読み解く。上智大学助教授の著者が、世界中のポルトガル語圏を旅した経験から生まれた一冊。

2300円＋税

スペイン語の贈り物
福嶌教隆 著

NHKラジオ「スペイン語講座」の講師を務める神戸市外国語大教授・福嶌氏が描くスペイン語への招待。まったく学習経験のない人から中級者を対象にスペイン語の学び方を楽しく解き明かし、いま注目の外国語の魅力を詳述する本。文例多数掲載。

2200円＋税

定価は二〇〇六年三月一日現在のものです。